JN113272

# ドルの正しい持ち方

The Smart way to hold US dollars

浅井隆

第二海援隊

# プロローグ

## これからの時代、〝ドル資産〟を持たなければ生き残れない

円安が今年に入って急速に進んでいる。

これは、国家破産の前兆と言ってよい。国が破産すれば円は紙キレとなり、ハイパーインフレの嵐が国内を吹き荒れる。

では、どうしたら私たちの命の次に大切な老後資金を守ることができるのか。対策は、意外と単純で簡単なものだ。つまり、「あなたの円建ての資産をドル建てにすればよい」。では、どのくらいの割合を換えればよいのか。あなたの全財産の〝三分の二〟くらいは換えておいた方がよいだろう。

これは、結構大きな割合だ。これをできる勇気と覚悟があるかどうかで、あなたの人生は大きく変わる。もし、三分の二がどうしても無理だという事情があるならば、二分の一でも結構だ。三分の一では、心もとない。

ただし、「ドル口座の預金」や「ドルの現金」だけが〝ドル資産〟ではない。

ドルの現金だけがドル資産ではない。金（ゴールド）、ダイヤモンドなど“ドル建て”（正式にはドルで価格が表示される）のものは、すべてドル資産と言う。

「金《きん》（ゴールド）」や「ダイヤモンド」も、れっきとした〝ドル建て資産〟だ。そうしたものもうまく織り混ぜながら、資産防衛を万全なものにしよう。

これらの資産には、一つひとつ資産防衛上の長所と短所があるので、本書でじっくり学んでほしい。そうしたことを知らずにただやみくもに買ってしまうと、後で思わぬ落とし穴にはまることになる。

なにしろ国家破産などという出来事は、一〇〇年に一度あるかどうかという非常時の出来事で、一般の日本人はそこで何が起きるかについてはまったく情報を持っていない。私は現代において国家破産したほとんどの国々（ロシアからアルゼンチンそして南アフリカのジンバブエまで一〇ヵ国ほど）を、実際に訪れて取材してきた。したがって本書の内容は、皆さんにとって真の意味で役に立つ実際的なノウハウだと確信している。

本書を熟読されて、生き残りの正しい方法を身に付けていただきたい。

二〇二四年四月吉日

浅井　隆

ドルの正しい持ち方――目次

## 第四章　ドルの正しい持ち方――基礎編

## 第五章　ドルの正しい持ち方――応用編

## エピローグ



※本書の「ドル」表記は、すべて「米ドル」を指します。特記してある箇所以外は、一ドル＝一五五円で計算しました。

# 第一章

# なぜドル資産を持たなければならないのか？

## 日本円が「トルコリラ」「アルゼンチンペソ」のようになる?

冒頭から唐突な話題で恐縮だが、どうやら一〇月三一日のハロウィンと日本経済には不思議な縁《えん》がある。もちろん、渋谷のバカ騒ぎのことではない（二〇二三年は沈静化したようでホッとしたが）。少なくとも過去一〇年で二度、日本経済を巡って一〇月三一日に歴史的な出来事が起きた。

一回目は、二〇一四年のハロウィン。この日、日本銀行（日銀）は異次元緩和の第二弾（すなわち追加緩和）を放《はな》った。ここから株価は急騰したが、タカ派メディアの多くはこの追加緩和を問題視した。その代表的な存在とも言える米金融ブログ「ゼロヘッジ」は、「ハロウィンに日本が自殺した」と題し、日銀がQQE（質的・量的緩和）拡大したことを「末期《まっき》の病人に打たれる（鎮痛効果だけで治療にならない）モルヒネだ」と酷評する論説記事を掲載した。当時のアベノミクスは正当な経済政策ではなく、「Banzainomics（バンザイノミクス：最後は玉砕《ぎょくさい》するという意）」でしかないとこき下ろしたのである。

そして二回目は、二〇二三年のハロウィン。この日の日銀政策決定会合では、よりタカ派な政策変更が行なわれると海外の市場関係者は踏んでいたが、結果は予想外のハト派スタンスで、ここを起点にアメリカの利上げ打ち止め観測も手伝って株価は急騰、外国為替市場では円安が進んだ。前出「ゼロヘッジ」は、この日、日本円を慢性的に通貨危機に苦しむトルコリラになぞらえて「ジャパンリラ」と揶揄《やゆ》するコメントをX（旧Twitter）に投稿して話題をさらっている。

驚くことに、ドイツ銀行のアナリストも同様の見解を示した。ドイツ銀行の為替調査グローバルヘッド、ジョージ・サラベロス氏は二〇二三年一一月一日付で投資家に宛てたメモで、「利回りや対外収支といった円相場を動かしている要因を一見すると、円はトルコ・リラやアルゼンチン・ペソと同じ部類に属する」（ブルームバーグ二〇二三年一一月二日付）と指摘。インフレ調整後の日本の利回りが大幅なマイナスとなるのに従い、日本から資本流出が加速すると予想した。さらには、政府と日銀が円安阻止のために実施してきた為替介入を批判。「円を防衛する日本の介入は良くて無力、最悪の場合には状況を悪化させることになるだろう」「日本の当局によるいかなる為替介入もドルをさらに押し上げることになるかもしれない」（同前）と説明した上で、「重要なのは、それが日本政府の対外バランス・シートの崩壊、ひいては財政状態の悪化につながるということだ」と書いた。

このリポートを引用したブルームバーグ（二〇二三年一一月二日付）は、「国際的な投資家にとって、円は伝統的に安全資産としての地位を確立している。それを、過去一〇年でドルに対して九〇％余り下落したリラとペソになぞらえるのは目を引く」と、驚きをもって報じている。

大袈裟《おおげさ》に聞こえるかもしれないが、日本円がトルコリラやアルゼンチンペソと同様の運命（すなわち、通貨価値の大幅な下落）をたどる可能性は、決して否定できない。私は以前、トルコとアルゼンチンの両国を現地取材したが、慢性的な通貨危機の中で生きる庶民たちの暮らしぶりは、ここ日本と比べると想像を絶するほどに過酷なものであった。

ただし、ドルを上手く活用してその困難を乗り切っている人たちも、少数派ではあったものの存在していたことも事実である。

そこで本書では、日本円が将来的に通貨危機に直面するであろうその理由と、それを乗り切るにはどのような対策を打てばよいかを解説して行きたい。

## 「日本円」は、誰もが持ちたくない通貨に!?

恐ろしいことに、この世界には「誰もが持ちたくない通貨」というものが少なからず存在する。ここ日本で暮らし、普段から日本円を重宝している皆さんからすると、「そんな通貨なんて本当にあるの?」と思われるかもしれない。

では、なぜその通貨は誰も持ちたがらないのか。その理由はとても単純で、その通貨の価値が長期的に失われているからに他ならない。その代表例が、冒頭でも紹介した「トルコリラ」や「アルゼンチンペソ」だ。この二つの通貨は、長期的に価値を失ってきたという歴史があり、事実として世界中の投資家から敬遠されている。

さて、「日本円もトルコリラやアルゼンチンペソと同様の運命をたどる」と聞かされたら、あなたはどう思うことだろう。一般的な感覚からするとそんな話はにわかには信じることなどできないはずだ。しかし、私に言わせるとその可能性は十分にある。いや、多くの理由を根拠としてその可能性は極めて高いと言わざるを得ない。そのことは後述するとして、まずは誰もが持ちたくないとされるトルコリラとアルゼンチンペソが、ドルに対してどれほど価値を失ったかを確認してみよう。

まずは、トルコリラだ。トルコリラの対ドルレートは、一九九二年一月の一ドル＝〇・〇〇五六トルコリラから、直近（二〇二四年五月）では一ドル＝三二・一七トルコリラにまで切り下がっている。これは、この間にトルコリラの価値がおよそ五七〇〇分の一にまで減価したということだ。

そのトルコは、慢性的にインフレに苦しんでいる。そのため二〇〇五年一月にはデノミ（デノミネーション：正確には通貨単位を表す言葉だが、こと日本語においては通貨を切り下げる、もしくは切り上げることとして使われることが多い。インフレなどにより通貨金額の桁数表示が大きくなると経済活動に支障をきたすのでその解決のために行なわれる）が実施された。それによって多少なりの安定を取り戻すも二〇一三年から再び通貨の切り下げが起こるようになり、直近では一ドル＝二八・九トルコリラにまで減価してしまったのである。

次に、アルゼンチンペソだ。このアルゼンチンペソは一九七〇年以降に四回もデノミが実施されるほど不安定な通貨として知られる。現在のアルゼンチンペソは、一九九二年一月に導入されたものだが、当時は一ドル＝一アルゼンチンペソであった。それから三〇年あまりが経過し、直近では一ドル＝三六三アルゼンチンペソにまで減価している。ただし、これは公式レートであって、アルゼンチン国民の実感により近い「市中レート」（非公式レート）では、一ドル＝一〇〇〇ペソを超える水準にまで減価した。一九九二年一月から現在までにアルゼンチンペソの価値は、一〇〇〇分の一にまで減価したということになる。

果たして、このような通貨を好んで持ちたがる人などいるだろうか。まずいないだろう。実際、トルコとアルゼンチンの人々は（資本規制によって保有しにくい面はあるが）日々の生活で絶えずドルを選好している。

さて、ここであえてトルコリラとアルゼンチンペソがたどった運命を、日本円がなぞってしまうとどうなるのかを検証してみたい。一九九二年一月のドル／円レートは、一ドル＝一二五円前後で推移していた。これが、トルコリラのように現在までおよそ五一〇〇分の一まで減価したとしたら、現在の対ドルレートは一ドル＝六三万七五〇〇円になる。

率直に言って、気が狂いそうになる数字だ。アルゼンチンペソがたどった一〇〇〇分の一というレベルでも、一ドル＝一二万五〇〇〇円になる。以前から円の紙キレ化を心配してきた私からしても、一ドルが一二万五〇〇〇円になった世界など、なかなか想像できるものではない。容易に想像できることといえば、輸入物価の高騰によって国内をすさまじいインフレが襲っているであろうということだ。

現状の日本経済を取り巻く環境を省《かえり》みると、日本円がトルコリラやアルゼン

## アルゼンチンペソの対ドルレート

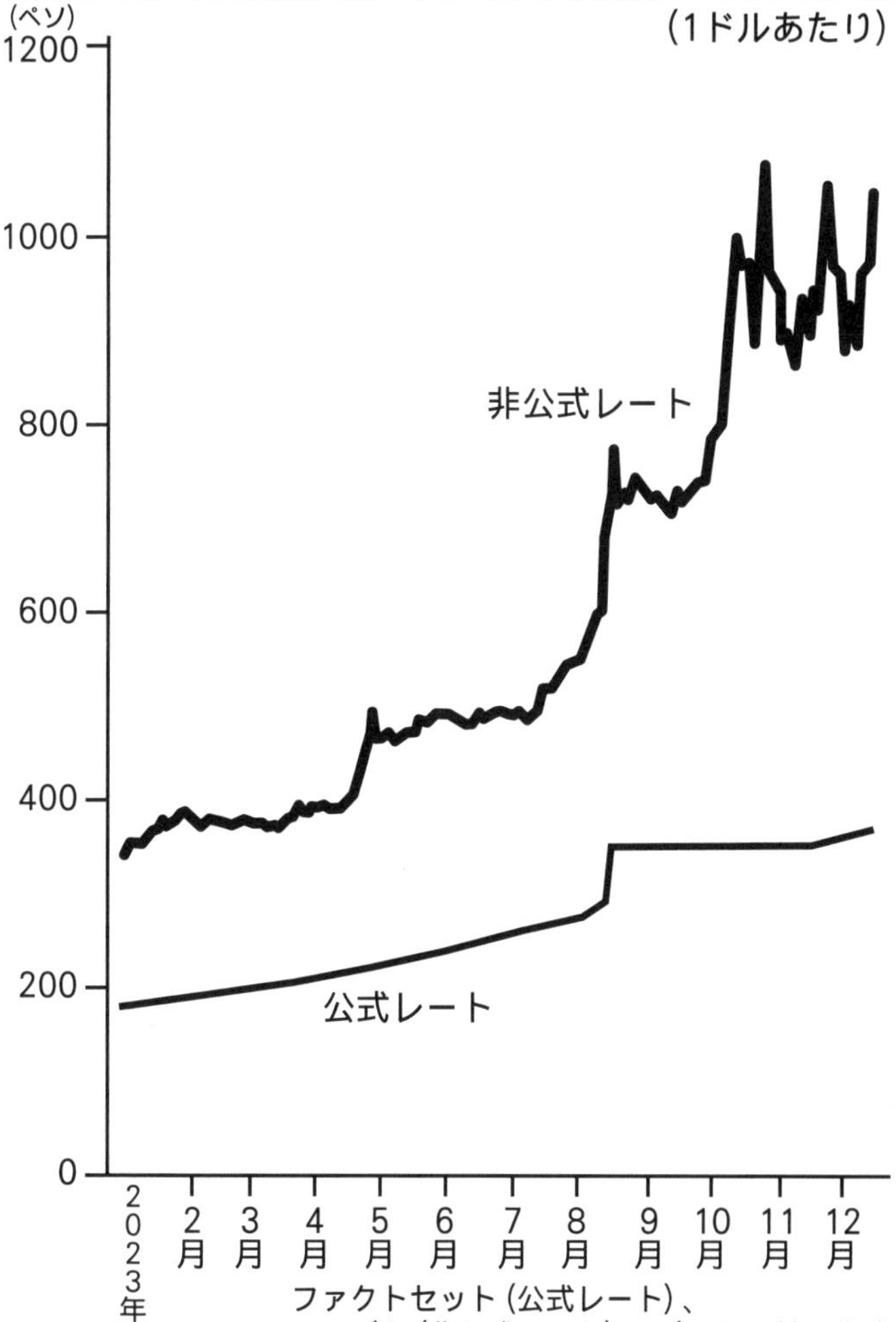


ファクトセット（公式レート）、
アンビト（非公式レート）のデータを基に作成

チンペソと同様の運命をたどることは決して絵空事とは言えない。少なくともトルコやアルゼンチンの例は、長期的に見ると為替レートがいかに大きく変動し得るかを教えてくれている。

実は、こうした大胆な通貨の切り下げは、戦前から戦後の日本でも起こっていた。現代の日本人はほとんど知らないと思うが、戦前から戦後にかけての日本円の価値は一ドル＝一円から出発して、終戦後には一ドル＝三六〇円まで減価している。JPモルガン・チェース銀行で市場調査本部長を務める佐々木融氏は二〇一六年八月二四日付のロイターに宛てた寄稿で、戦中戦後の為替相場を振り返り、以下のように警鐘を鳴らしていた——「日本という国は、たかだか八〇年ほど前に現在と同じような政策を採用しており、その結果が現代の為替相場に残っているのだ。四・二五円が三六〇円になるのは、一二〇円が一〇〇〇〇円（一万円）になるのと同じマグニチュードである」（ロイター二〇一六年八月二四日付）。

『トム・ソーヤーの冒険』で知られるアメリカの作家マーク・トウェインは、

かつて「歴史は繰り返さないが、韻《いん》を踏む」という言葉を残したが、日本円が当時と似たような運命をたどることは決して荒唐無稽なこととは言えない。なにより、トルコやアルゼンチンと日本には、否定しがたい共通点が存在する。それは、いずれの国も財政が〝火の車〟だということだ。

これはトルコやアルゼンチンに限ったことではないが、長期的な通貨価値の下落に直面している国々は、決まって政府の懐具合（財政）や経済運営に深刻な問題が生じている。また、戦争や災害といった供給ショックによって、為替レートが短期的かつ急激に変動してしまうケースもしばしばだ。

私はそう遠くない将来に日本が財政危機に直面し、最悪の場合ではそれに加えて災害や戦争（台湾有事）も重なって、為替レートの激変に見舞われるだろうと考えている。私の想定レンジ（範囲）は、二〇二〇年代といった短中期的なもので一ドル＝二〇〇～一〇〇〇円。それが二〇三〇年代に入ると一ドル＝一〇〇〇～一万円くらいになると想定している。

私は何も冗談を言っているのではない。一九八五年のプラザ合意（日米英仏独の五ヵ国の蔵相と中央銀行総裁が、日本の巨額貿易黒字削減のために協調為替介入を通じ円高に誘導することで極秘合意した会合）以降の趨勢《すうせい》的な円高局面しか知らない人からすると信じられないだろうが、将来的な〝超円安〟はもはや抗《あらが》いがたいトレンドだと言える。

## 超長期の為替サイクルも「壮大な円安」を示唆

歴史が時に大きく旋回《せんかい》してきたのと同じく、相場にも必ず大きな転換点が存在する。そしてそれはある程度の規則性を持っていると考えられており、たとえば近代の日本経済は四〇年ごとに栄枯盛衰を繰り返してきた。

為替にも似たようなサイクルがあると私は信じており、直近で言うと変動相場制に移行した一九七一年から始まりおよそ四〇年に亘って続いてきた円高トレンドは、二〇一一年に終焉したと見ている。そして、二〇一一年を起点に今度はおよそ四〇年に亘って円安トレンドが続く、というのが私の見立てだ。

そのゴールは、二〇五一年くらいになるだろう。かつて、英エコノミスト誌の編集部は『Megachange（大激変）』と題した長期の調査予測の中で、「日本は、世界で最も悲惨な二〇五〇年を迎える」と断じた。現状を鑑みると、まさにそうなってしまう恐れは強く、二〇五一年頃の為替は一ドル＝一〇〇〇円を超えていても不思議ではない。というよりも、その頃には現行の日本円が紙キレとなって（日銀が破綻して）、戦後のように「新円」が採用されていることも十二分にあり得る。

改めて、大きな為替サイクルの中で今日の私たちがどの点に位置しているのかを説明したい。まずは二四―二五ページのドル／円の為替チャートをご覧いただこう。日本円は、一九七一年の変動相場制への移行から長期の円高トレンドを形成してきた。バブル崩壊後に一番底、そして二〇一一年の東日本大震災後に二番底を付けている。二〇一一年の「一ドル＝七五・三二円」が、いわゆる〝大底〟と呼ばれるものだ。ここを起点に、今後は長期的な円安トレンドが形成される可能性が極めて高い。

## 変動相場制以降のチャート

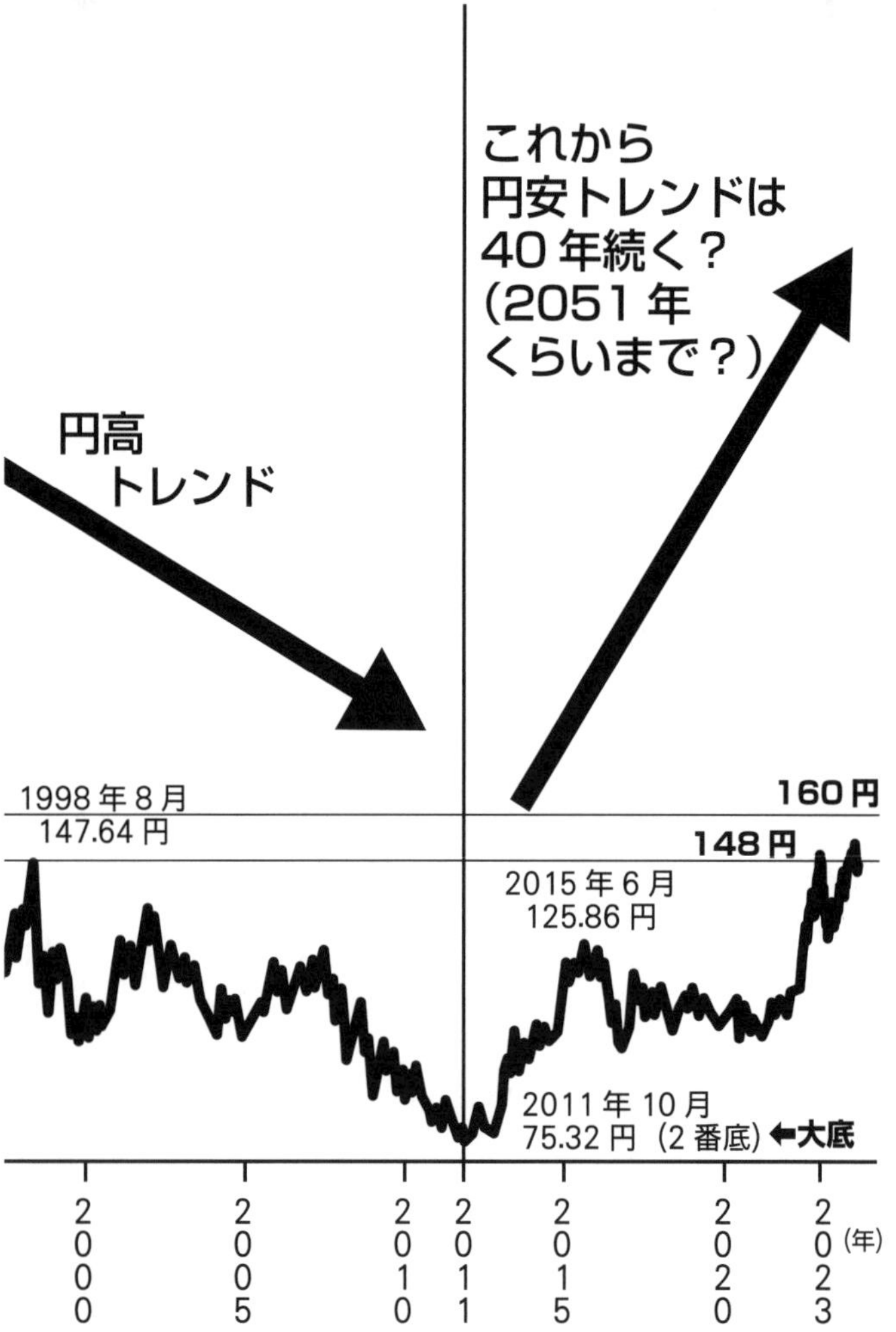
これから
円安トレンドは
40年続く？
(2051年
くらいまで？)
円高
トレンド
1998年8月
147.64円
160円
148円
2015年6月
125.86円
2011年10月
75.32円（2番底）←大底
2000
2005
2010
2011
2015
2020
2023
(年)

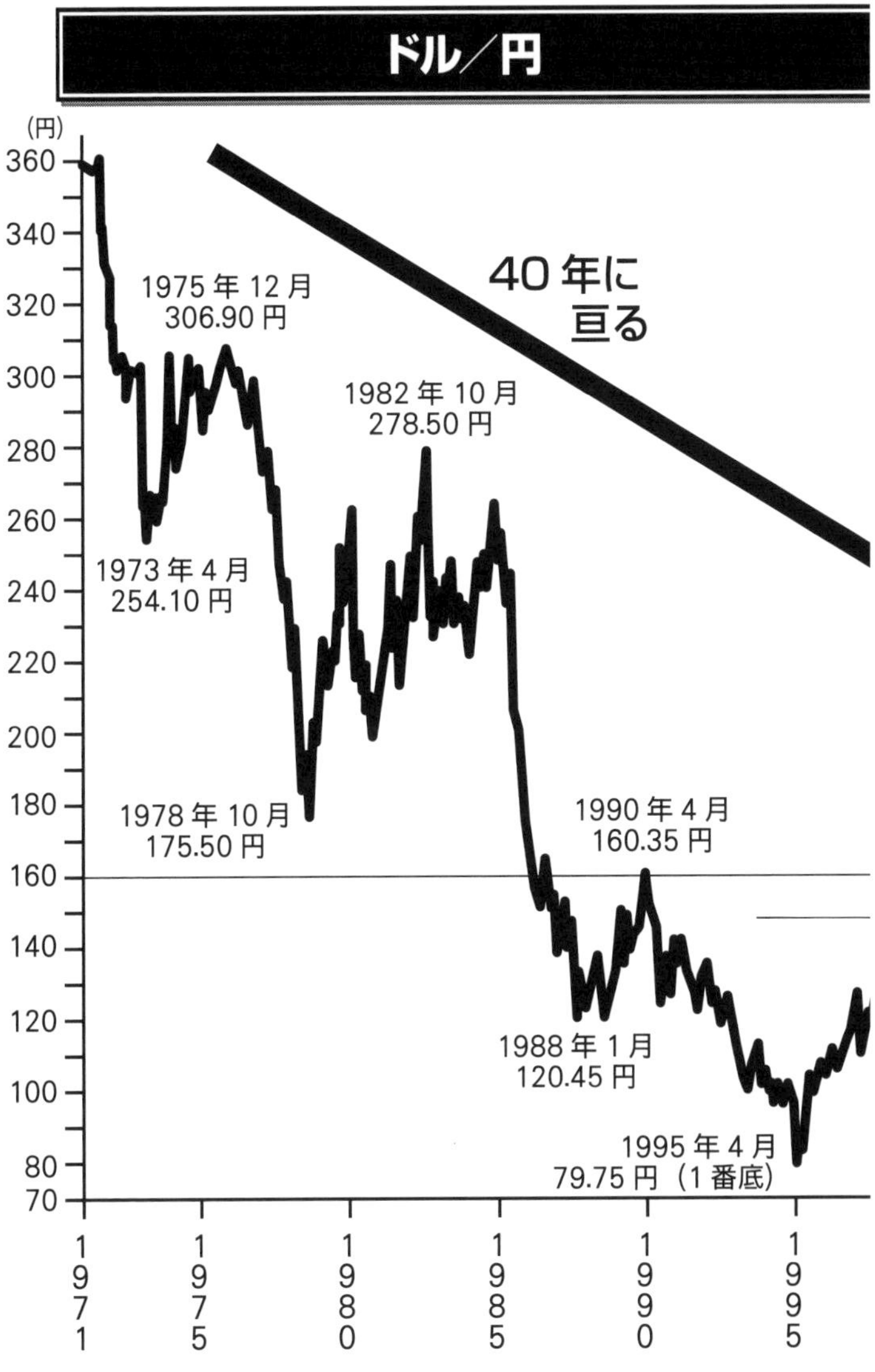
ドル／円
(円)
360
340
320
300
280
260
240
220
200
180
160
140
120
100
80
70
40 年に
亘る
1975 年 12 月
306.90 円
1973 年 4 月
254.10 円
1982 年 10 月
278.50 円
1978 年 10 月
175.50 円
1990 年 4 月
160.35 円
1988 年 1 月
120.45 円
1995 年 4 月
79.75 円（1 番底）
1971
1975
1980
1985
1990
1995

ところで、誠に奇妙なことであるが、日本が固定相場制を脱し長期の円高サイクルに突入した一九七一年からちょうど四〇年前の一九三一年にも、日本円を巡り歴史的な転換が起きている。歴史に詳しい方ならピンとくるかもしれない。そう、その年に当時の大蔵大臣であった高橋是清が「リフレ政策」を導入したのだ。具体的には、金《きん》の輸出を禁止して日銀の発行している兌換《だかん》銀行券を金貨に交換することを法律で制限したことを言う。

実は一九三一年までのおよそ四〇年間（より正確を期すと一八九四―一九五年の日清戦争の勝利から）、為替は金本位制の下で一ドル＝一―二円前後で安定的に推移していたのだが、一九三一年に始まった「高橋リフレ」とその後の敗戦によって、日本円は一九七一年まで超長期の円安トレンドを描いてきた。

大雑把《おおざっぱ》に過去のトレンドを振り返ると、日清・日露戦争に勝利してイケイケだった一八九〇年代から一九三一年までは「円高」、戦時インフレと太平洋戦争の敗戦に続く戦後のドサクサ期にあった一九三〇年代から一九七一年までは「円安」、戦後復興と高度経済成長期からバブル崩壊やリーマン・ショック、東日本大震災までが「円高」、そして二〇一一年から二〇五一年くらいまでは「円安」トレンドに回帰すると思われる。

奇《く》しくも、前回の円安トレンドの起点となった高橋リフレと同様、今回も「アベノミクス」という「リフレ政策」が円安トレンドの号砲となった。この時、著名投資家のジョージ・ソロス氏も日本円の先行きに警鐘を鳴らしている。

ソロス氏は、政府と日銀が正式に異次元緩和を打ち出した二〇一三年四月、「円が雪崩《なだれ》のように暴落しかねない」と指摘。米ＣＮＢＣのインタビュアーが英ポンド危機を引き合いに出し、「イングランド銀行の次は日銀を崩壊させるのですか？」と尋ねると、ソロス氏はあざ笑いながらこう答えている――「日銀こそが（日本を）崩壊させたいと思っているのでしょう」と。

さて、言い方を変えると二〇一一年までの四〇年間は〝ドル安トレンド〟であった。しかし、すでに日本円とドルの立場は逆転しており、向こう数十年はドルが光り輝くと私は確信している。問題は、どこまで円安が進むかだ。一ドル＝三六〇円に回帰するくらいは十分に起こり得る。むしろ、この間に財政危機や災害といったイベントが表面化すれば、トルコリラやアルゼンチンペソが経験してきたように、通貨価値が数百から数千分の一になるといった極端な円安に進展することも考えられるだろう。しかも、そうなってしまう可能性は、皆さんが思っているよりも高いと言わざるを得ない。

## 日本円を巡るファンダメンタルズは、将来的な〝通貨危機〟を暗示

先ほど、「長期的な通貨価値の下落に直面した国々は、決まって政府の懐具合(財政)や経済運営に深刻な問題が生じている」と記したが、ご存じのように日本の債務問題は極めて深刻である。また、近年は十分な経済成長も適《かな》わず日本は衰退の途上にあると言ってよい。衰退のレベルが緩《ゆる》やかなものであれば許容できるかもしれないが、日本の債務問題を考慮すればそれが極端なものとなる可能性は決して低くなく、その場合は深刻な社会不安を招くだろう。

ところで、なぜ財政の放漫《ほうまん》が通貨安に結び付くのか。その大きな原因は、一

九七一年のニクソンショック以降は主要国のほとんどが完全なる不換紙幣（金《きん》などの価値の裏付けがない紙幣）を発行するようになったためだ。この不換紙幣の価値は、「発行体」（日本で言うと政府や日銀）の信認に依存している。すなわち、発行体の信認が崩れた時に通貨安が起こるのだ。どのような時に発行体の信認が大きく揺らぐのかという問いに対する明確な解はないが、歴史を振り返ると以下のような状況で信認が揺らいでいたことが確認できる。

一、戦争に負けた時（勝っても膨大な戦費がかかった時）
二、財政赤字の垂れ流し
三、際限のない紙幣の増刷

日本は、このどれもに当てはまる。一の戦争リスクは、日本が当事国となる可能性は低い。しかし、仮に台湾有事が起こってシーレーン（海上交通網）が断絶されれば話は別だ。ご存じのように、日本はエネルギーや食糧、製造業に使う中間財など多くの物資を輸入に頼っている。当然のごとく、兵糧攻め（シーレーン断絶）にはめっぽう弱い。供給ショックによる貿易赤字の急拡大は避けられず、おのずと円安につながる。続いて、二の財政赤字（政府債務）と三の紙幣増刷は、言わずもがなここ日本では現在進行形だ。ご存じのように、日本の政府債務残高の対ＧＤＰ（国内総生産）比は、主要国で断トツの一位をひた走っている。しかも、その比率は高まる一方だ。

また、日銀が間接的に政府の借金をサポートする形で紙幣の増刷が常態化している。極めて単純な見方をすると、財政赤字と紙幣の増刷は政府の裁量に依存している面もあり、これが「インフレは、常に、そしてどこでも政治的な現象である」（ヘリコプター・マネーの提唱者として名高い経済学者ミルトン・フリードマンが残した「インフレは、常に、そしてどこでも貨幣的な現象である」という言葉を米プリンストン大学で歴史学の教授を務めるホラルド・ジェームズ氏が言い換えたもの）と言われるゆえんだ。歴史的にも財政赤字と紙幣の増刷が行きすぎた際は、インフレが猛威を振るうことがほとんどである。しかもそれは、往々にして極端なものになりがちだ。

日本のマネーストック（Ｍ２：広義の貨幣流動性）残高は、二〇二三年一一月時点で一二三九兆九〇〇〇億円。他方、アメリカのそれは二〇二三年一〇月時点で二〇兆七二五六億ドル（約三〇〇〇兆円）だ。絶対額で見るとアメリカのＭ２残高の方が日本より多いが、日米では経済規模が違う。対ＧＤＰ比（二〇二二年時点の日本のＧＤＰは五五六・七兆円、アメリカのＧＤＰは二五兆四六二七億ドル）のＭ２残高で比べると、日本のそれは約二二二・七％もあるのに対し、アメリカは八一・三％でしかない。

これはどういう意味かと言うと、端的に言って日本はお札を刷りすぎだ。主要国では、対ＧＤＰ比で二倍以上のＭ２残高を計上している国は日本以外には存在せず、マネタリスト（貨幣主義者＝貨幣の量によって物価や失業率などの経済変数も変化すると考える経済学の立場）を自認するアメリカの著名投資家カイル・バス氏が「クレイジーだ」とあきれているのもうなずける。バス氏は私が懇意にしている投資家であり、かねてから「将来的に日本円が紙キレ化しかねない」と警告してきた人物だ。

では、なぜ対ＧＤＰ比で二二二・七％ものＭ２残高を誇る日本がいまだに深刻なインフレに見舞われていないかというと、それは「貨幣の流通速度」が低下しているためである。貨幣の流通速度は、インフレを決定付ける上で大事な要素であり、日本経済のそれは一九七〇年以降ほぼ一貫して低下してきた。過去数十年の貨幣流通速度を日米欧で比較した場合、アメリカの貨幣流通速度が最も高く、次に欧州、そして最下位が日本となっている。アメリカと欧州ではコロナ禍の前後で貨幣流通速度が急激に増し、このことが米欧のインフレ率の上昇に寄与した公算が高い。一方の日本は小幅な増加に留まったため、インフレ率が欧米ほどに上昇していないと考えられる。

しかし、この先も日本の貨幣流通速度が低いままであるという保証はない。しばしば起こり得るのは、大規模な災害や紛争（台湾有事）、信用不安（断続的な通貨安）などによって、貨幣流通速度が高まるケースである。

想像してみてほしい。対GDP比で二倍ものマネーストックが一斉に動き始める様子を。その際は、一気にインフレが顕在化する可能性が高い。

恐ろしいことではあるが、日本円を巡るファンダメンタルズ（基礎的要因）

は、まず間違いなく〝将来的な通貨危機〟を暗示している。きっかけになり得るイベントを予想するとキリがないため、もはや何がきっかけになるかはわからないが、私は日本円が通貨危機に向かっていると確信している。

少し古い記事になるが、早稲田大学のファイナンス総合研究所で顧問を務める野口悠紀雄氏は、以下のような強い調子で日本円の将来についての警告を発していた——「日本は財政支出を中央銀行の紙幣増刷で賄う『ヘリコプターマネー』にすでに手を染めており、世界最悪の公的債務を高インフレで解決する可能性が高い」（米ブルームバーグ二〇一六年五月二七日付）。

野口氏は日銀が導入した現行の「異次元緩和に基づく国債買い入れは残存期間が長い国債を銀行が右から左に売れるようになったので、事実上の日銀引き受け。財政法第五条の脱法行為だ」（同前）と糾弾《きゅうだん》。そして「ヘリコプターマネーは非生産的な用途に使われるようになる。歴史上、ずっと続けられた例はない。必ず最後はインフレになって破綻している。インフレで希薄化せずに債務問題を解決できた例は皆無ではないが非常に少ない」（同前）と指摘、（金融政策に）「出口がなければ、日本がそうなる可能性は非常に高い」（同前）と警告した。

さらに野口氏は、政府・日銀の財政出動と金融緩和が今後も続いた場合、「円の価値は非常に危うい」（同前）と言い、「長期的な円安が傾向的に続く可能性は否定できない」（同前）とした上で「日本経済の体力がどんどん弱っていけば、一ドル＝三〇〇、五〇〇、一〇〇〇円も十分考えられる」（同前）と予想した。

ただちに日本円がアルゼンチンペソのごとく、一ドル＝一二万五〇〇〇円になるようなことはさすがにないだろう。ただし一ドル＝一〇〇〇円くらいの水準であれば、そう遠くないうちに実現し得る。早ければ、向こう一〇年以内に実現しても不思議ではない。

## 日本円の〝実力〟は、すでに一九七〇年代と同レベルに

数十年前、外国人ツーリストや留学生からは「日本は物価の高い国」と認識

されていた。物価高のせいで外国人からすると日本旅行は〝高嶺の花〟で、留学生も生活費を切り詰めて学業に励む人がほとんどであったと記憶している。反対に、日本人の海外旅行は大いに盛り上がっていた。海外でブランド品を買い漁るなど、昨今の中国人旅行客を彷彿《ほうふつ》とさせる海外での日本人のマナーの悪さが大きな話題になっていたことを覚えている。

しかし、時代は大きく変わった。今では外国人旅行客の日本に対する物価の認識は、「高い」から「安い」に変わっている。一方、私たち日本人からすると海外旅行はもはや手の届かないものへと転じた。以前は、旅行大手のＨＩＳなどがグアムやハワイへの格安ツアーを企画してテレビＣＭなどを流していたが、その頃とは隔世《かくせい》の感がある。現代の若者に「昔は三万九八〇〇円でグアムに渡航できた」と言っても、にわかには信じてもらえないはずだ。

多くの日本人は、昨今のインフレによってここ日本の生活コストも大分上がったと感じていることだろう。しかし、世界と比べると日本の生活コストはとても安い。英エコノミスト誌の傘下にあるＥＩＵ（エコノミスト・インテリジェンス・ユニット：一三〇名以上の各国担当アナリストで構成される編集チームを擁し、その分析の信頼性と独立性は世界的企業、金融機関、政府機関など世界中のエグゼクティブから高い評価を得ている研究機関）が算出する「最も生活費が高い都市」において、日本を代表する都市の東京と大阪はその存在感を大きく落としている。三七ページの図は、世界で生活費が最も高い一〇都市と東京と大阪の順位だ。わずか一〇年前には、同じ調査で東京と大阪が一位と二位を記録していた。

思い返すと二〇一三年に始動したアベノミクスは、結果的に日本をとても安い国にしたと言える。いや、むしろそれこそが狙いだったのかもしれない。アベノミクスは「質的・量的緩和の推進（金融政策）」「公共事業（財政出動）」「岩盤規制の撤廃（成長戦略）」という、いわゆる〝三本の矢〟によって構成されていたが、資産効果（不動産価格の上昇や株高）こそ起きたものの、肝心のトリクルダウン（「富める者が富めば、貧しい者にも自然に富がこぼれ落ち、経済全体が良くなる」とする経済理論）は期待されたほど実現しなかった。実際、

## 世界で生活費が最も高い都市

<table>
<tr><th>2013年</th><th>→</th><th>2023年</th></tr>
<tr><td>東京</td><td>1位</td><td rowspan="2">シンガポール<br>チューリヒ</td></tr>
<tr><td>大阪</td><td>2位</td></tr>
<tr><td>シドニー<br>（オーストラリア）</td><td>3位</td><td rowspan="2">ジュネーブ<br>ニューヨーク</td></tr>
<tr><td rowspan="2">オスロ<br>（ノルウェー）<br>メルボルン<br>（オーストラリア）</td><td>4位</td></tr>
<tr><td>5位</td><td>香港</td></tr>
<tr><td>シンガポール</td><td>6位</td><td>ロサンゼルス</td></tr>
<tr><td>チューリヒ（スイス）</td><td>7位</td><td>パリ</td></tr>
<tr><td>パリ<br>（仏）</td><td>8位</td><td rowspan="2">コペンハーゲン<br>（デンマーク）<br>テルアビブ<br>（イスラエル）</td></tr>
<tr><td>カラカス（ベネズエラ）</td><td>9位</td></tr>
<tr><td>ジュネーブ（スイス）</td><td>10位</td><td>サンフランシスコ</td></tr>
<tr><td></td><td>60位</td><td>東京</td></tr>
<tr><td></td><td>70位</td><td>大阪</td></tr>
</table>

EIUのデータを基に作成

アベノミクスの間も実質賃金は、ほぼ一貫して下がり続けている。

厳しい見方をすると、アベノミクスの後に残ったのは「安い国ニッポン」だけだ。当初のもくろみは違ったのであろうが、アベノミクスを総括すると、通貨の大幅な切り下げによる資産効果とインバウンド誘致《ゆうち》（これは相当な実績だが）くらいしか効果を発揮できなかったと言える。

事実、アベノミクスが始まってから日本円の実力は、極端に低下した。〝ある指標〟で見ると、日本円の〝実力〟（実質的な購買力）は一九七〇年以来、五三年ぶりの水準にまで低下している。

ある指標とは、ＢＩＳ（国際決済銀行）が定期的に発表している実質実効為替レート（ドルやユーロなど様々な外国通貨と比べた円の実力を示し、内外の物価格差を考慮した対外的な購買力を表す）のことで、この指標が二〇二三年八月に「七三・一九」（二〇二〇年＝一〇〇）と、遡《さかのぼ》ることができる一九七〇年以来の最低水準となった。これは、日本円の対外的な実力が、一ドル＝三六〇円の固定相場制だった時代と同水準に下がったということである。

国内にいるとあまり気付かないかもしれないが、日本人の実質的な購買力はこの一〇年間で半減した。一〇年前には一万円あれば一三二ドル相当のものが買えたが、現在（二〇二四年四月）では六七ドル相当のものしか買えない計算だ。私もコロナ禍を経て、何度か海外に出向いたが、アメリカやシンガポールの物価の高さには驚いた。

ブルームバーグの分析（二〇二三年一一月末時点）では、アメリカで新型コロナのパンデミック前に一〇〇ドルで買えた商品やサービスが、今では一一九・二七ドルに値上がりしているという。二〇一九年一二月三一日の終値が一ドル＝一〇八・四六円であったが、この為替レートを基に試算すると、当時一万八四六円で買えたアメリカの商品やサービスが、直近では一万八四八七円にまで上がってしまった。大雑把に言って、二〇一九年に一〇〇万円の出費でアメリカ旅行した人が、今では一七〇万円も出さなくてはならないということである。ちなみにインフレ率はモノによって変わるため、私の体感ではアメリカ出張の費用は、新型コロナ以前に比べて二倍以上になった。これでは日本人が海外旅行を敬遠するのも無理はない。

それでも、日本人の給与が上がり続けていれば為替レートによる購買力低下を減殺《げんさい》できる。ところが日本人の給与は、過去二〇年でほとんど上がっていない。二〇〇〇年には、円高のおかげもあって日本人の国民所得（一人当たりのドル建て名目ＧＤＰ。国民一人当たりの平均的な豊かさを示す）は、世界二位の三万九一七三ドルであった。しかし二〇二二年には、円安も手伝って三万三八五四ドルにまで減っている。ランキングも、三一位にまで落ちぶれた。ちなみに日本のすぐ後ろには、台湾（三二位）と韓国（三三位）が迫っている。

さらに、二〇二三年には世界第三位の経済大国という冠《かんむり》をドイツに明け渡すことになった。ＩＭＦ（国際通貨基金）は最新の世界経済見通しで、ドイツの二〇二三年の名目ＧＤＰは四兆四三〇〇億ドルとなり、日本の四兆二三〇〇億ドルを上回ると予想している。しかも、両国の名目ＧＤＰは二〇二四年にドイツが四兆七〇〇〇億ドル、日本は四兆二九〇〇億ドルとなり、差は開いて行くと見通した。

人口約一億二五〇〇万人の日本が、八三九〇万人のドイツにGDPで抜かれたことの意味は大きい。二〇〇〇年の時点では、日本の「ドル建て名目GDP（国）」はドイツの二倍を上回っていた。人口の多い中国やインドが経済発展して日本を追い越して行くのはある意味で自然だが、人口が日本の三分の二でしかないドイツにおよそ二〇年で追い越されるというのは、近代史でも珍しいことである。日本の衰退ぶりは深刻なレベルだ。

ちなみに日本とドイツの「名目GDP（一人当たり）」は、二〇二三年時点で日本の三万三九五〇ドルに対しドイツは五万二八二四ドルが見込まれている。これが二〇〇〇年の頃はドイツが二万三九二四ドルで、日本が三万九一七二ドル（なんと今より多い！）であった。

こうした名目GDPランキングの話になると、決まって「あくまで為替レートの問題であり、昨今のランクダウンは円安が主因であるため日本の衰退とは関係ない」という異論が出る。しかし、為替レートは長期的に国力を反映している可能性が高く、日本の衰退と円安が無関係と言い切るのはさすがに暴論だ。

事実、スイスのＩＭＤ（国際経営開発研究所）が二〇二三年六月に発表した「世界競争力ランキング二〇二三」では、日本は三五位で過去最下位を記録している。バブル崩壊後の一九九二年は一位であったことを考えると、その衰退ぶりは一目瞭然だ。

これは本稿の主旨から少し逸脱するが、こうした日本経済の低迷の理由については、多くの専門家が様々に分析しているが、低金利と放漫財政で国民と企業を甘やかし続けた結果、リスクを取る姿勢が後退し、非効率な制度や本来淘汰されるべき〝ゾンビ企業〟が生き残っていることが大きな要因と言える。

また、自民党による事実上の一党独裁が続く日本政府も、率直に言って制度疲労に達した。もはや、〝ショック療法〟によって日本が生まれ変わる以外にわが国の再生はおぼつかないと私は思っており、逆説的だが昨今の衰退は本格的に危機にぶち当たるまで続くと思われる。

ということは、（詳しくは次項で述べるが）私たちは中長期的にさらなる為替レートの切り下げ（円安）に備えなくてはならない。今後は、「日米金利差の再

## 円の実質実効為替レートは53年ぶりの低水準

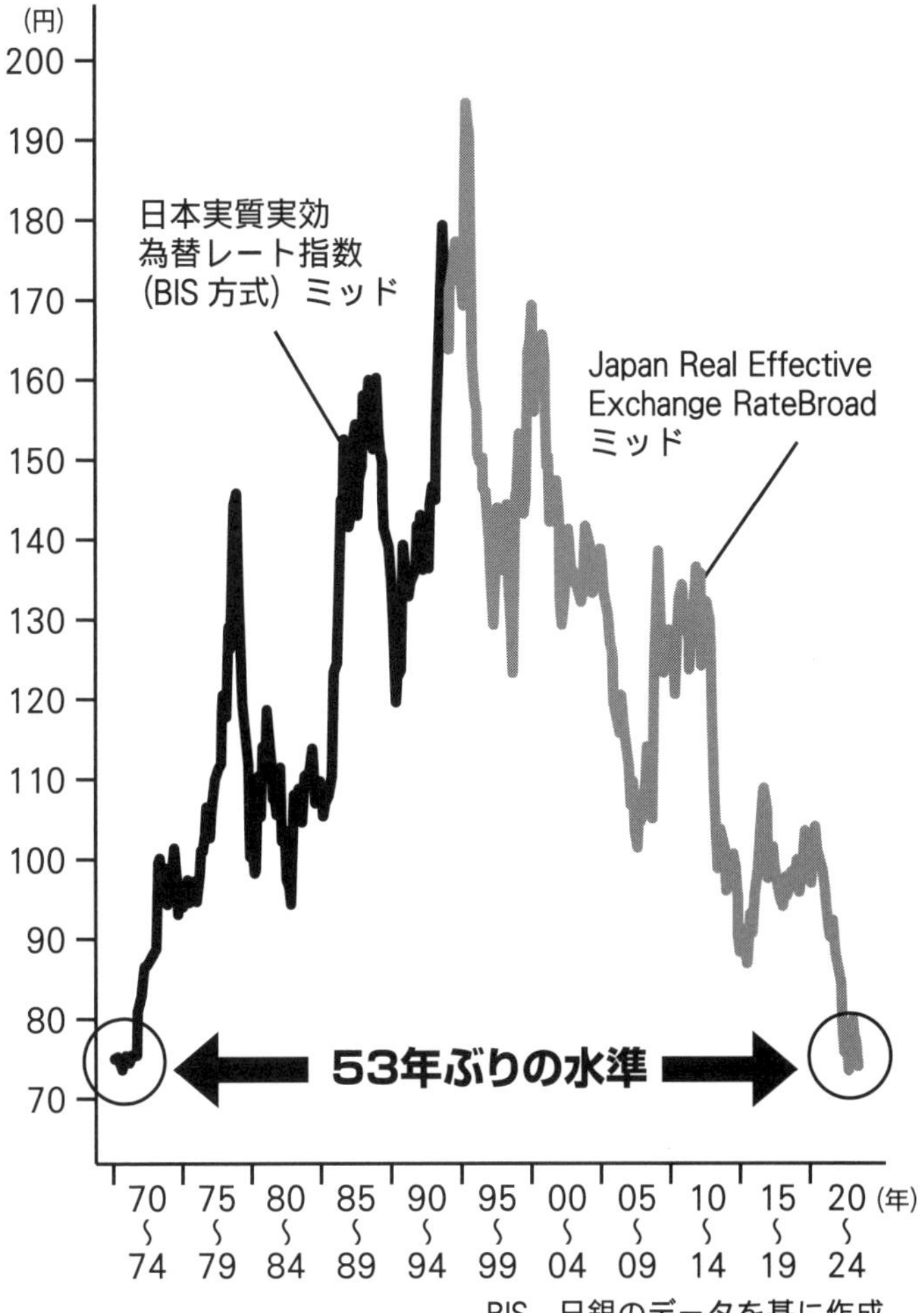


BIS、日銀のデータを基に作成

拡大」と「日本の財政ファイナンス」というダブルパンチで円安が進行して行くと考えられる。最終的に行き着く果ては、アルゼンチンか、はたまたトルコか。壮大な円安時代には、ドルを持っていない人はほぼ確実に貧困化する。だから、なんとしてでも今のうちにドルを蓄えておかなければならない。

この点に関しては朗報もある。二〇二四—二五年に〝本当に最後の円高〟がやってくる可能性があるのだ。言い方を変えると、ここでドルを買わなかった人は、一生後悔することになるだろう。

## 一時的円高はあるが円安再燃は必至。今のうちにドルを買え!!

飲食大手ワタミで代表取締役会長兼社長を務める渡邉美樹氏は、以下のように指摘する。

——これから円安はますます進むと考えている。

（中略）日本銀行は先月三一日、金融政策決定会合で、大規模な金融緩和策の柱の一つである長短金利操作（イールドカーブ・コントロール）を再修正した。長期金利の上限が、一％を一定程度超えることを容認した。日米金利差からドル買いが進む中「円安を止めたい」というメッセージがみえる。

しかしこれ以上、二％、三％と金利を上げれば、日銀は債務超過、政府は国債の利払い負担が増え財政危機になりかねない。金利を上げても、金利を抑えても円は信用を失い円安が加速しかねない危機的局面だ。

現在、対談本の出版を進めている世界三大投資家のジム・ロジャーズ氏は先日、「早ければ半年から一年で危機もあり得る。今は株式投資を手じまいしてドルに換金している」と言っていた。日本だけの危機か、世界危機となるのか、きっかけは何か、今はそこが対談の焦点となっている。

台湾有事のリスクがますます高まり、来年は米大統領選などを控えている。私は再来年二〇二五年一月あたりに財政危機が表面化するのではと思っている。リスクに備えて、「とにかくドルを持っておくべきだ」とすすめたい。
（夕刊フジ　二〇二三年一一月二四日付）

---

ほぼ、私と同意見だ。もはやこの先、何が起こっても不思議ではない。南海トラフや首都直下型地震、さらには富士山噴火といった大規模な災害が起こることも考えられる。または、台湾有事によって日本のシーレーン（海上交通網）に異常がきたしたら、一気に国家破産（その際は、まず壮大な円安という症状が出るだろう）しても不思議ではない。

私たちは、そういう時代を生きている。だからこその〝ドル〟だ。大げさではなく、ドルが私たちにとっての〝ノアの箱舟〟の役割を果たしてくれる。しかも、この書籍が発刊される二〇二四年から一年間くらいはドル買いのチャンスだ。前述したように二〇二四―二五年に〝本当に最後の円高〟がやって来る可能性があり、一時的に日米の金利差が縮小に転じると見込まれているからだ。

二〇二四年五月時点のアメリカの政策金利は五・五％（上限値）。これは二〇二三年一〇月から変わっていない。当初、二〇二四年は利下げ元年になると見込まれていたが、直近ではアメリカのインフレが根強く、いまだに利下げは実行されていない。ちなみにＦＲＢ（米連邦制度準備理事会）は二〇二三年末時点で、二〇二四年には七五ベーシスポイントの利下げを想定していた。中には、インフレが根強いため「二〇二四年の利下げは不可能」と断じる向きもあるが、ＦＲＢのジェローム・パウエル氏はインフレがなかなか沈静化しない中でも、ハト派スタンスを堅持していると思われる。

ローレンス・サマーズ元米財務長官は二〇二四年三月二一日、ブルームバーグテレビジョンに対し「米金融当局は利下げを開始したくてうずうずしている印象を受ける」と指摘。経済や金融市場の動向を考慮すると、「なぜそんなに急いでアクセルを踏もうという話になるのか理解できない」と述べた。私の目にも同じように映る。詳しくは後述するが、ＦＲＢは予想に反して二〇二四年に利下げを強行し、一九七〇年代と同じ轍《てつ》を踏む可能性が高い。

一方の日銀は、ある程度の利上げが見込まれている。債務問題があるため大幅な利上げなど決してできないが、二〇二四年中に日本の政策金利が〇・五%くらいにまで上昇しても不思議ではない。二〇二四年四月二九日に一時一ドル＝一六〇円台を付けたため、政府と日銀は為替介入に動いた。これを起点に、二〇二四年は少し円高局面があってもおかしくはない。

テクニカル分析では、ドル／円の下値支持線は一五一円九〇銭にある。その下が一三九円八〇銭。二〇二四年中の円高はあったとしても、一四〇円割れくらいだろう。もし一四〇円を下回った際は、全力でドルを買うことをお勧めしたい。

しかし、二〇二五年以降に目を移すと、今度は一転して日米金利差の再拡大や日本の財政ファイナンスに脚光が当たり、円安がぐんぐん進んで行くはずだ。二〇二五―二六年には、一ドル＝一六〇―二〇〇円というレンジに突入する可能性が高い。

## アメリカの長期金利の上昇トレンド＝円安トレンド

少し説明を加えたいが、前述のようにアメリカは高い確率で一九七〇年代の轍を踏む。その、「一九七〇年代の轍」とはどういうことか。実はアメリカにとって一九七〇年代は、インフレ発症→拙速な利下げ→またインフレが発症、という負のインフレ・スパイラルに苦しんでいた時である。

当時のアメリカは、ベトナム戦争やリンドン・ジョンソン大統領の「偉大なる社会」計画に対してアメリカ政府が巨額支出を行なっていた頃で、アーサー・バーンズ議長（当時）が率いるＦＲＢも実質的に政府に従属し、ＦＲＢ職員の抗議を無視する形で低金利を続け、その結果、マネーサプライが著しい伸びを示したのである。そして一九七〇年代には、インフレが定着した。

アメリカのＣＰＩ（消費者物価指数）上昇率は、一九八〇年三月に一四・八％に達したのだがバーンズ議長はこの間に紆余曲折を経験している。一九七

## 政策金利

※コアインフレ率とは、総合インフレ率から価格変動の大きい食品とエネルギーの価格を除外したインフレ率を言う

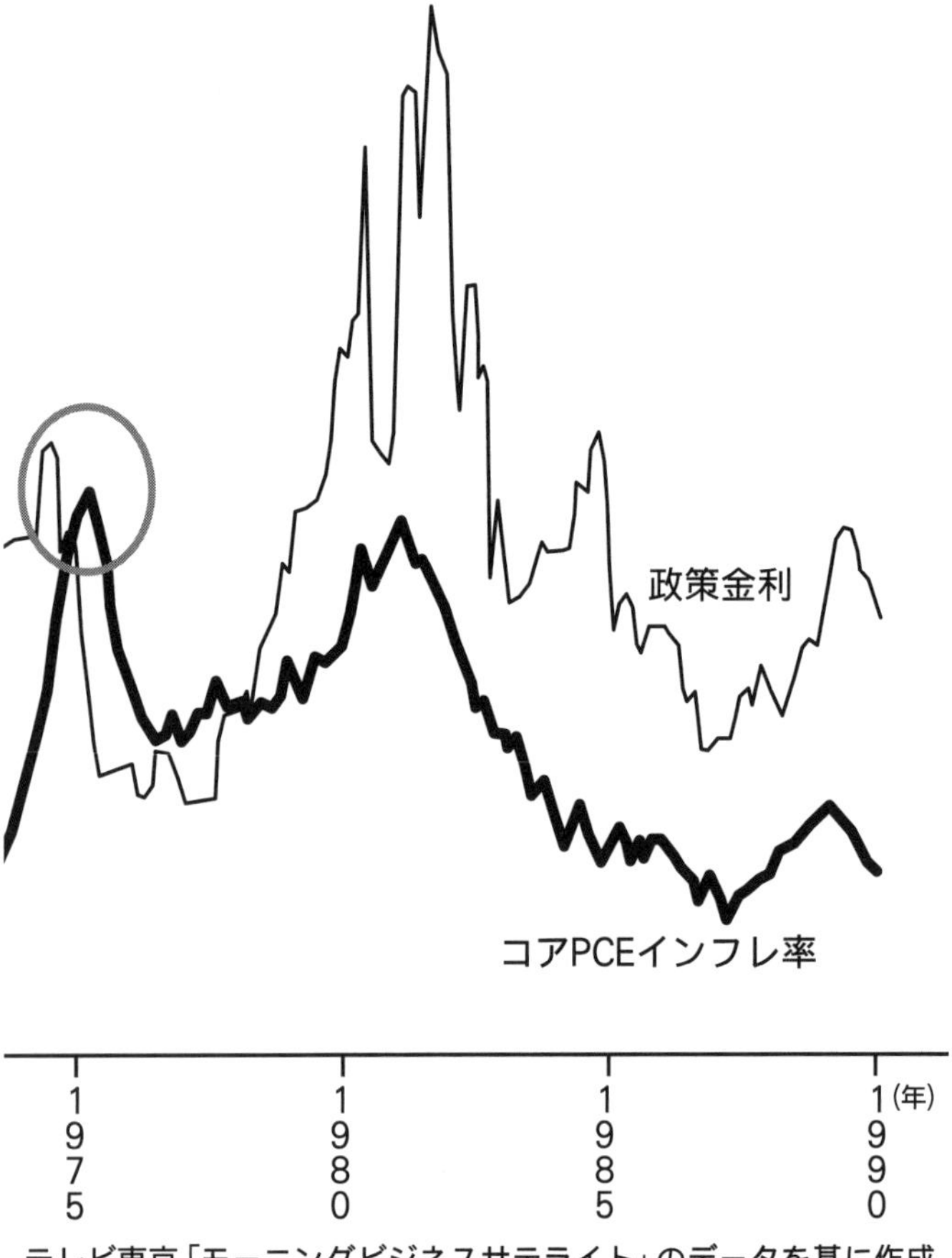


テレビ東京「モーニングビジネスサテライト」のデータを基に作成

## アメリカのコアインフレ率と

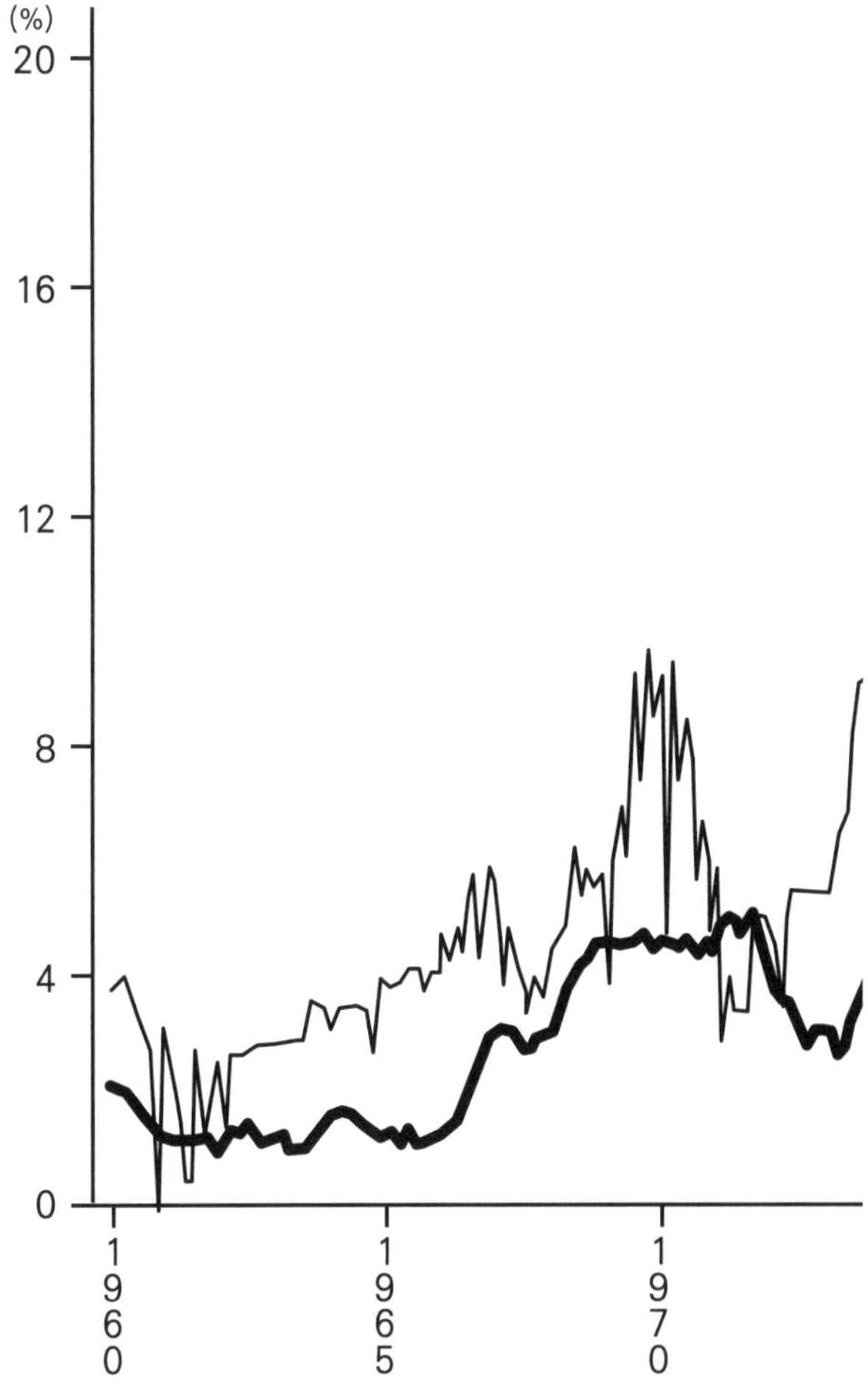

二年からの利上げによってアメリカのインフレは一時的に沈静化したが、一九七四年からの利下げによってインフレが再燃した。二〇二四年も、当時の過ちが繰り返される可能性が高い。すなわち、二〇二一年に始まった今回のインフレは二〇二三―二四年に一旦は沈静化するが、利下げが行きすぎれば二〇二五年以降にインフレはおのずと再燃するだろう。歴史を振り返っても、インフレは一度でも野に放たれるとかなり根強い。そう簡単に消えるものではなく、たとえ一時的に終息したとしてもぶり返してしまうことが圧倒的に多いのだ。

ＰＧＩＭフィクスト・インカムのチーフ・グローバル・エコノミスト、ダリープ・シン氏は、「『大いなる安定』時代は終焉した」と話す。シン氏は、低金利と低インフレが共存できた時代に戻ることはなく、「構造的な高金利時代に突入したといえるだろう」と指摘した上で、「次のノーマル」として以下の五個のトレンドを挙げた。①激化する大国間競争、②前例のない政治的二極化、③化石燃料から再生可能エネルギーへの平たんではない道のり、④供給網のデリスキング（リスク軽減）、⑤分断されたテクノロジー・エコシステム。

シン氏は、このいずれもがインフレを押し上げる力として働き、市場のリスクプレミアムを高めることになると分析する。

米ＪＰモルガン・チェースのジェイミー・ダイモンＣＥＯ（最高経営責任者）も、「インフレがそんなに速いペースで収束するとは考えにくい」と二〇二三年一一月に釘を刺した。ダイモン氏は、その前月にも「世界は過去数十年で最も危険な時期を迎えているかもしれない」と発言しており、その理由として「ウクライナでの戦争と（イスラム組織ハマスによる）イスラエルへの攻撃があいまって、エネルギー、食料、世界の貿易、地政学的な関係に広く影響をおよぼす可能性がある」ことを挙げている。

そのダイモン氏は、コロナ禍の前後には始まった今回の危機は決して一過性ではなく「パーマクライシス（長期に亘る危機）」だと述べ、各地の紛争や政治的な分断、疫病、物価高、気候変動など、様々な危機やその火種が途切れなく連《つら》なる時代を予想している。

これこそが、まさに一九七〇年代の再来だ。一九七〇年代のインフレ（正確には物価高と不況が同時に起こるスタグフレーションに至った）は、荒療治によって完結する。一九七〇年代の醜悪なインフレと対峙するため満を持して登場した当時のポール・ボルカーＦＲＢ議長は就任した直後の一九七九年一〇月、「今すぐ金利を限界まで引き上げろ」というセリフを吐き、公定歩合（政策金利）を過去最高の一二％に引き上げた。ここから怒涛《どとう》の利上げ攻勢（インフレ退治）が始まり、最終的にはプライムレート（最優遇貸出金利）が一九八一年五月に過去最高の二〇・五％に達している。

怒涛の利上げ退治は、深刻な副作用をもたらした。具体的には、世界的な債券バブルの崩壊（株価も死の時代を迎えた）と失業率の急上昇、さらには極端に治安が悪化している。ボルカー議長の下には多数の「殺害予告」が届き、本人も常に命の危険を感じていたと語った。私は、今回も同様の結末をたどると見ている。すなわち、この先にインフレの第二波が待ち構えており、最終的には荒療治と債券バブルが崩壊し、危機に瀕《ひん》すということだ。

ここで、アメリカの長期金利の超長期サイクルを確認したい。アメリカの長期金利は一九一八年前後の四％強で一度目のピークを付けた。そこから低下トレンドが始まり、一九四三年前後に金利は大底を付けている。すると一九五〇―七〇年代には金利が急騰し、一九八一―八二年に二度目のピークを付けた。そして、そこから四〇年間に亘る歴史的なデフレ均衡（金利低下）が始まったのである。

しかし、二〇二〇年のコロナショックの最中にアメリカの長期金利はいよいよ大底を付けたようだ。アメリカの長期金利は、二〇一六年七月六日に一番底（一・三二二％）を付け、二〇二〇年三月九日に「〇・四〇三％」で二番底を付けたことが確認できる。将来、この「〇・四〇三％」は、歴史の転換点として経済の教科書に載るはずだ。

すなわち、今はすでに長期の上昇トレンドの最中にある。アメリカの長期金利が上昇トレンドに突入したということは、言い方を変えると円安の長期トレンドが始まったということでもある。日本が債務問題を理由に利上げできない以上、日米の金利差がリーマン・ショック後のように、「閉じることはなく開きっぱなし」となってしまうのだ。これは、円安が定着するであろうことを意味する。

アフター・コロナのインフレを受けてＦＲＢは利上げを積極化させ、二〇二三年一〇月二三日にアメリカの長期金利は「五・五〇％」を付けた。そこから二〇二四年の利下げ期待から低下に転じているが、世界経済はおよそ四〇年ぶりにデフレからインフレへの大転換を遂げたため、アメリカの長期金利は今後も高止まりするだろう。たとえ、リーマン・ショックやコロナショックのような経済危機が起きたとしても、アメリカの長期金利が再びゼロ付近にまで低下することはまず考えられない。すなわち、長期金利の三番底はないと言える。

向こう数十年に亘ってアメリカの金利は高止まりすると思われ、そのレンジは「三・〇―九・〇％」と予想したい。対する日本の長期金利は、どんなに上がっても二・〇％くらいではないだろうか。もし二・〇％よりも上がって行くとなると、日本政府や日銀、さらには民間の金融機関が窮地に陥《おちい》る。

こうした状況で、趨勢的な円高トレンドの再開はまず見込めない。むしろ心

## アメリカの長期金利サイクル

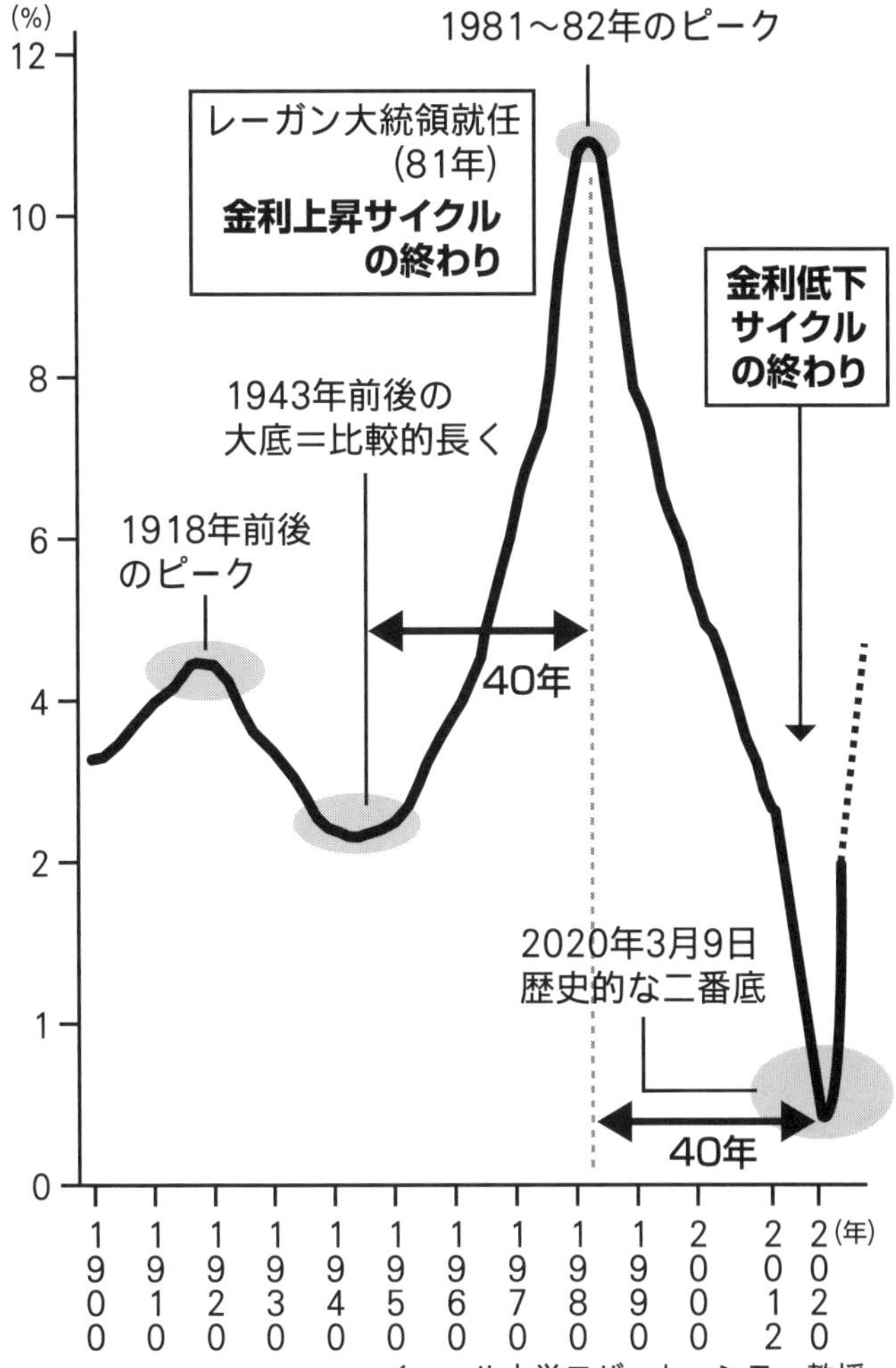


イェール大学ロバート・シラー教授、
三菱ＵＦＪモルガン・スタンレー証券のデータを基に作成

配すべきは、「雪崩のような円の暴落」の方だ。
以下に、日本円の変動タイムスケジュール（私の予想）を記す。
■二〇二四―二五年：最後の円高か（すなわち、ドル買いのラストチャンス）
■二〇二五―二六年：日米金利差の再拡大による円安、思わぬ通貨危機。一ドル＝一四〇―二六〇円。
■二〇二六―三〇年：財政ファイナンスが深刻化し、一ドル＝三六〇円に向けて価値が低下。
■二〇三〇―五一年：日本円がトルコリラやアルゼンチンペソと化す。
具体的な想定レンジは、「そこまで重症化に至らないケース」で一ドル＝一〇〇〇円、「アルゼンチンペソ化」で一ドル＝一二万五〇〇〇円、「トルコリラの二の舞」となれば一ドル＝六三万七五〇〇〇円！

繰り返し強調するが、こうした時代にドルの蓄えは必須だ。そして、眼前に迫る本当に最後の円高を逃してはならない。ドルを買うか買わないかで、あなたの一生は大きく左右されることになるだろう。

# 第二章　国が破産すると何が起きるのか

## 日本の財政は「再建不可能」

日本の財政状態は極めて厳しく、その財政運営は破滅的と言わざるを得ない。二〇二三年一二月末時点で国の借金は一二八六兆円に達し、二〇二二年の政府総債務残高はGDP比二六〇％に達する。

これは、中東のレバノンの二八三％に次ぐ世界ワースト二位だ。レバノンと言えば、二〇二〇年にデフォルト（債務不履行）に陥り、国家破産した国だ。通貨レバノン・ポンドの価値は暴落、二〇二二年のインフレ率は一七〇％を超えている。ハイパーインフレにより国民生活は破壊され、国民の約八〇％が貧困にあえぐ。その深刻さは、世界銀行が「一九世紀半ば以降、世界で最も深刻な危機の、おそらくトップ3に入る可能性が高い」と指摘するほどだ。

そんなレバノンに、まったく引けを取らないほど巨額の債務を日本は抱えており、「無駄遣いさえやめれば、財政は建て直せる」という段階はとっくに過ぎている。それにも関わらず、日本の財政規律は引き締まるどころか緩みっ放しだ。二〇二四年度予算は一般会計総額が一一二兆五七一七億円となり、六年連続で一〇〇兆円を超えた。税収は六九兆六〇八〇億円と過去最高を見込むものの、少子高齢化に伴い増加が避けられない社会保障費をはじめ歳出の膨張が止まらず、三五兆四四九〇億円の新規国債を発行して歳入不足を穴埋めする。歳入全体の三割以上を〝借金〟に頼る状態だ。

六二―六三ページの図を見れば、社会保障費の割合が際立って大きいことが一目瞭然だ。社会保障費は二〇二四年度予算でも増加し、過去最高を更新した。社会保障費の削減なしに、日本の財政再建はあり得ない状況だ。

しかし少子高齢化が進む中、ただ放置すれば社会保障費は自然に増加する。社会保障費を削減するにはとにかく給付を抑え、国民の負担を増やすしかない。今後、それぞれの保険料はますます上がる一方、逆に支給条件はますます悪くなるだろう。私たち日本人の生活は、今後ますます苦しくならざるを得ない。

「失われた三〇年」と言われるように、バブル崩壊後、日本のＧＤＰはほとん

## と歳出

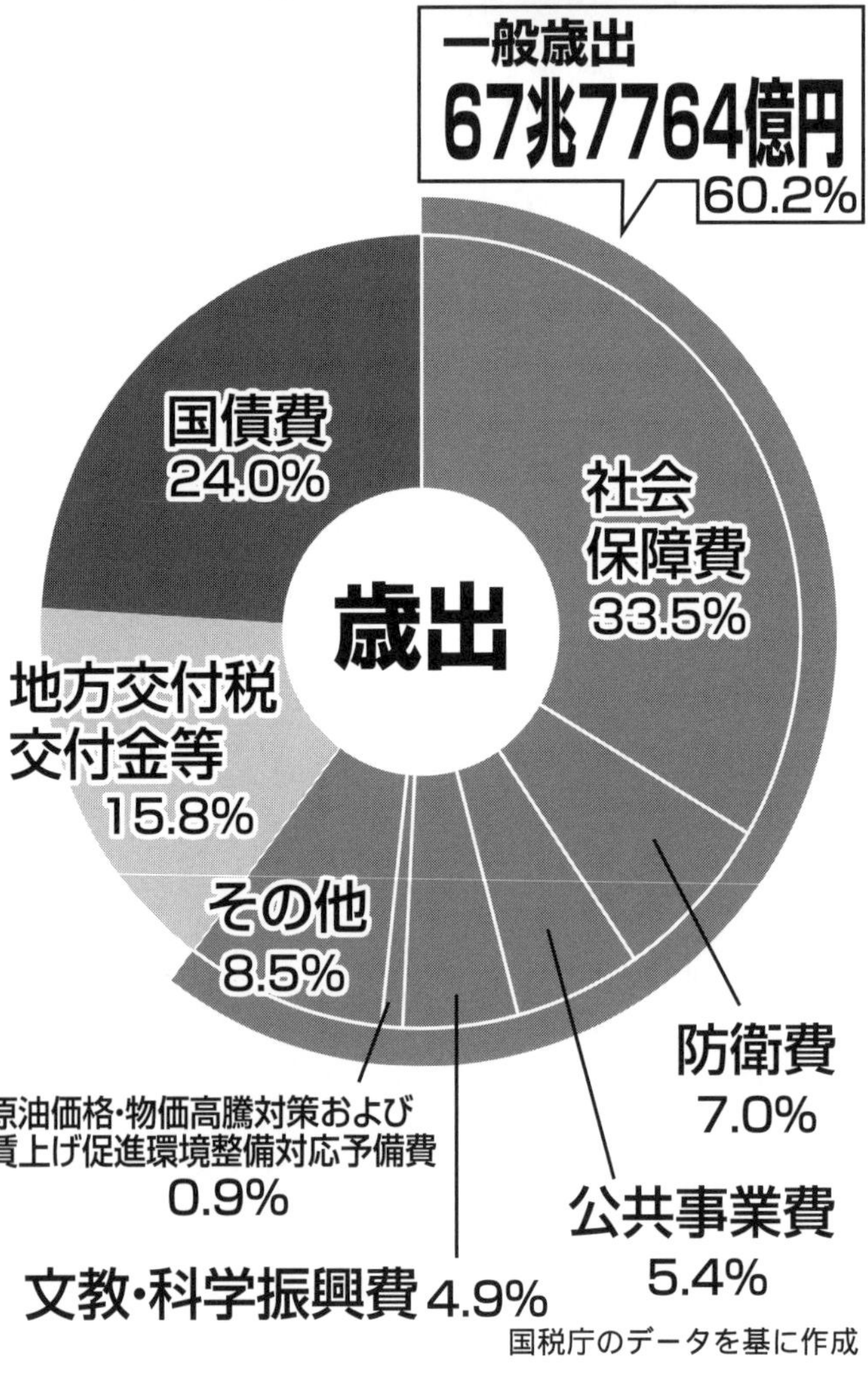


国税庁のデータを基に作成

## 2024年度日本国の歳入

**■2024年度一般会計予算112兆5717億円**
（2024年度当初予算）

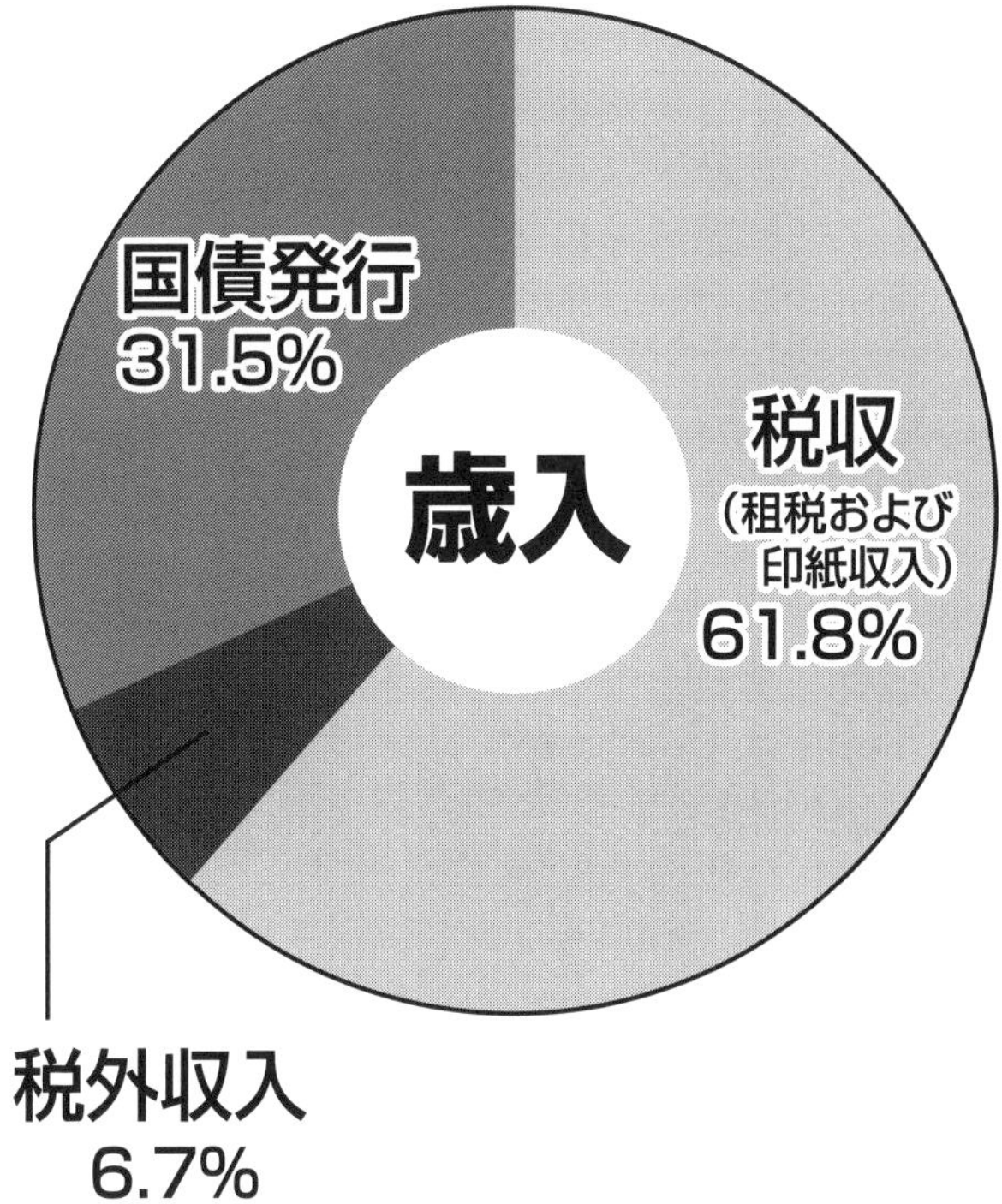


**国債発行という「借金」に頼る**

ど増えることがなかった。二〇一〇年にはついにGDPで中国に抜かれ、一九六八年に旧西ドイツを抜いて以来守り続けたGDP世界第二位の座から滑り落ちた。

さらに二〇二三年にはそのドイツにも抜き返され、日本はGDPで世界四位に転落した。かつて世界二位を付けたこともある一人当たりGDPは、二〇二二年には三一位まで順位を落としている。

海外の物価の高さを見ても、安い物価に惹《ひ》かれて日本に押し寄せる外国人観光客を見ても、日本人がいかに貧乏になったかを思い知らされる。私は常々、「国家破産とは、すなわち国民破産だ」と言い続けているが、極度の財政悪化と並行して進む日本国民の経済力の低下を見れば、日本はすでに国民破産状態に片足を突っ込んでいると考えてよいだろう。

今後、日本が本格的な国家破産状態に陥った時には、さらに苛烈《かれつ》な事態が私たち国民を襲うことになる。それがどのようなものか、本章でじっくりお伝えしよう。

# 国が破産すると起きること

## ①デフォルト（債務不履行）

国家破産の意味を改めて確認しよう。国家破産とは、国家財政が破綻することだ。国の資金繰りが行き詰まり、政府が対外債務（国債など）の利払いや元本償還ができなくなる状態が国家財政破綻、つまり国家破産ということだ。

資金繰りに窮《きゅう》するわけだから、自己資本が潤沢《じゅんたく》であるはずがなく、借金に依存した状態だ。通常、借金には返済期限がある。その返済期限に返済するお金が足りなければ、借り換えるか他のところからお金を借りてそれを返済に充《あ》てるしかない。これができているうちはとりあえず問題にはならないが、借金依存がひどくなると次第に周囲の視線も厳しくなる。「貸したお金は本当に返せるのだろうか？」と疑念が深まり、やがて誰からも借りられなくなる。借金返済は不可能となり、デフォルト（債務不履行）に至る。

日本は、今のところ経常黒字国で対外債権国だ。わかりやすく言えば、外国からの借金には頼っていない。政府の巨額の借金は、日本国内で賄われている。当然、通貨は外貨建てではなく円建てだ。自国通貨建ての債務の場合、理屈上はデフォルトを回避することは可能だ。中央銀行が通貨を発行することで、政府が発行する国債をいくらでも買うことができるからだ。

日本では、戦後ハイパーインフレを招いた反省から、政府の発行する国債を日銀が直接買うこと（国債の直接引き受け）は財政法で禁じられているが、債券市場を介して日銀が国債を買うことはできる。これは、公開市場操作（オペレーション）と呼ばれるれっきとした金融政策だ。

日銀が市場を通じて国債を買い、市場に資金を供給することを「買いオペレーション」（買いオペ）、逆に日銀が市場を通じて国債を売り、市場から資金を吸収することを「売りオペレーション」（売りオペ）という。いわゆるアベノミクス以降、日銀は巨額の国債購入を続けているが、これはつまり金融緩和政策としての「買いオペ」を行なっているわけだ。

しかし、これも度を越せば国債（つまり政府の借金）を日銀が引き受けるのと変わらない。要は、直接引き受けるのか、（市場を介して）間接的に引き受けるのかの違いだけで、本質的には同じことだ。現在、日銀は五〇〇兆円を上回る国債を保有している。これは一〇〇〇兆円強の国債発行残高の五〇％を超える。つまり、発行された国債の半分以上を日銀が買い占めている異常な状態だ。

しかし、日銀がオペレーションにより国債を引き受けることでデフォルト回避が可能というのは理屈上の話であり、実際にはデフォルト回避は容易ではないだろう。というのも、市場の厳しい視線があるからだ。

際限なく国債の乱発を続ければ、国債の信認を保つことはできない。供給される量が増えれば価値が下がるのはモノの道理であり、それは国債についても言えることだ。市場参加者の多くが財政の持続可能性に疑念を抱いた瞬間、日本国債は投機筋による容赦《ようしゃ》ない〝売り浴びせ〟に遭い、国債価格は暴落する。そのような状況の中、日銀が国債を買い続けられるかは甚《はなは》だ疑問だ。

国債の直接引き受けが禁じられている以上、日銀は市場を介して銀行などの民間金融機関から国債を買う。問題は、国債価格が暴落する中、民間金融機関が国債を買うかどうかだ。民間金融機関が国債を買わなければ、日銀が国債を買うことはできない。非常事態ということで、法律を改正して「国債の直接引き受け」を合法化すれば、日銀は政府から直接国債を買えるようになる。いや、法改正など不要な可能性すらある。「国債の直接引き受け」を禁じる財政法第五条には、「特別の事由がある場合において、国会の議決を経た金額の範囲内では、この限りでない」との但《ただ》し書きもあるためだ。

しかし、「国債の直接引き受け」がタブー中のタブーであることは、世界の常識だ。それが国会など政治の場で議論されようものなら、日本の財政への信認は瞬時に崩壊するに違いない。国債価格はますます暴落し、それを買い支える(であろう)日銀が発行する日本銀行券、すなわち日本円の価値も暴落し、インフレに歯止めがかからなくなる。

まさに「日本経済崩壊」の様相を呈《てい》することになる。それでも「国債の直接引き受け」を強行したら……。確かに、国債のデフォルトだけは避けられるか

# 日銀の国債保有割合

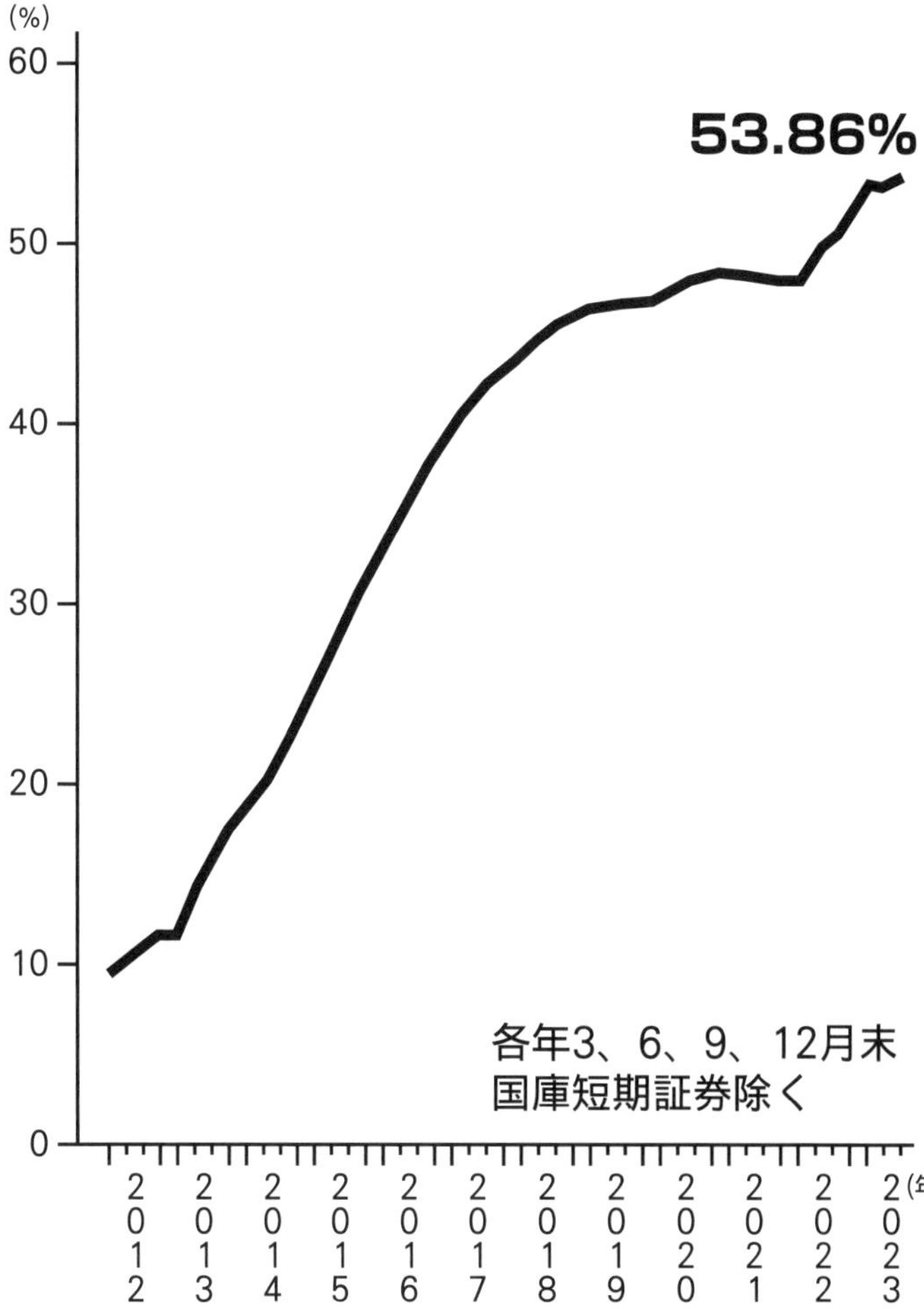


日銀・資金循環統計のデータを基に作成

もしれない。ただ、経済を完全に崩壊状態にしてひたすらデフォルトのみを回避することに、何の意味があるだろうか？　あまりにも馬鹿げた話だ。そう考えると、さすがに政府もここまで馬鹿げた行動には出ないだろう。

結局のところ、直接・間接を問わず、日銀が国債を引き受けることでデフォルト回避が可能というのは机上の空論にすぎず、まったくもって現実的ではないということだ。

そもそも、なぜ国債の直接引き受けが禁止されているのか？　それは財政規律が失われ、自国通貨の価値が暴落するリスクがあるからだ。日銀が政府の「財布」と化せば、通貨の増発に歯止めがかからなくなる。忘れてはいけないのは、紙幣というのは本質的には単なる〝紙キレ〟だということだ。一万円札の製造原価は約二〇円という。つまり、一万円札の物質的な価値は二〇円程度のものだ。それに誰もが一万円の価値を認め広く使われているのは、発行元が信用されているからだ。単なる紙キレである紙幣を乱発すれば、「この紙キレには一万円の価値がある」と誰もが信じることで成り立つ信用は崩壊する。つまり、

## 国債の「買いオペ」と「直接引き受け」の違い

### ■国債の「買いオペ」

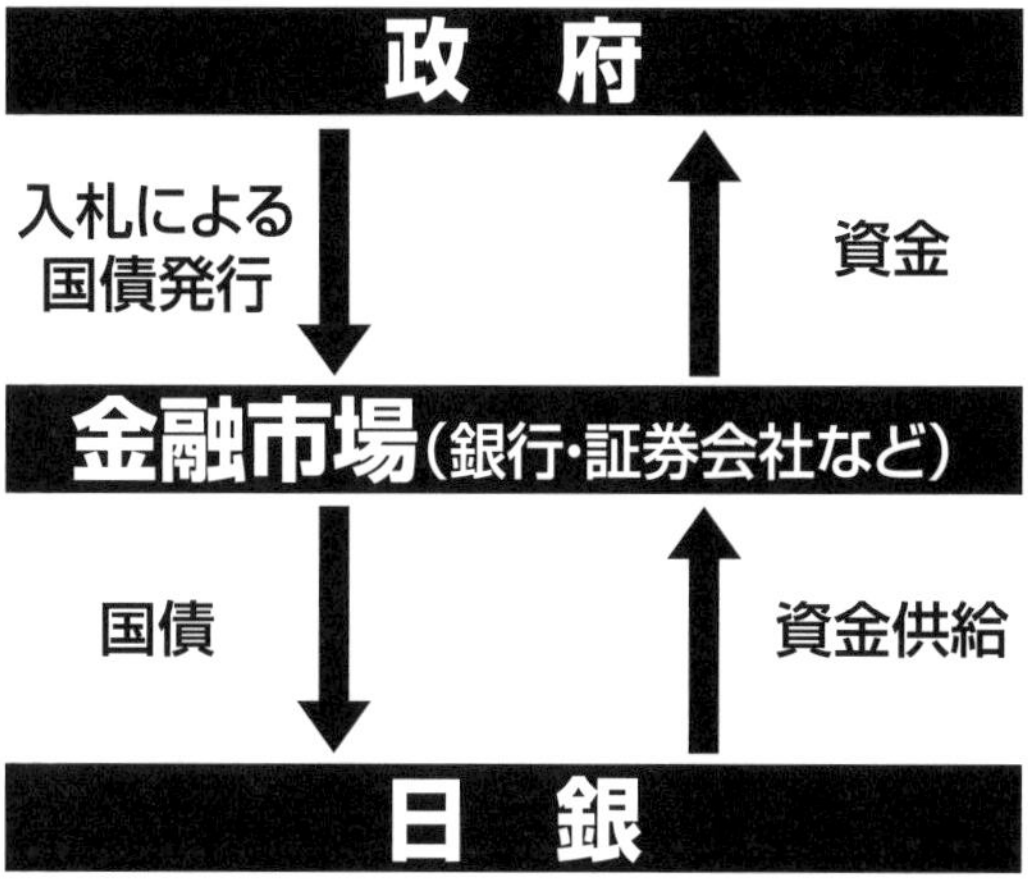


### ■国債の「直接引き受け」

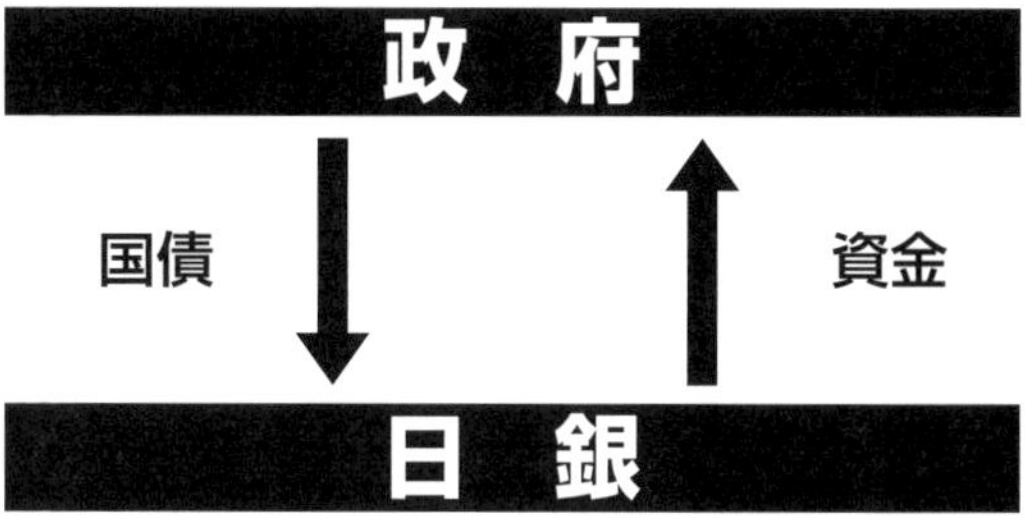

一万円札にはもはや一万円の価値がなくなるわけだ。通貨の暴落は、物価の暴騰という形で顕在化する。極端なインフレ、つまりハイパーインフレである。

国債の直接引き受けを行なえば当面、国債のデフォルトを回避することはできるかもしれないが、日本円や日本という国自体に対する国内外からの信用は失われる。そうなれば、日本円も日本国債も日本株も、まともな価格では誰も買ってくれなくなる。ハイパーインフレの結果、表面上の価格は高くなってもインフレを考慮した実質価値は大暴落となる。

日銀は現在、国債だけでなく、ETFやREITなどの形で株や不動産まで保有している。これらの保有資産が暴落することにより、日銀の資産は劣化する。その結果、発行通貨（日本円）の価値はますます下落することになる。

国家破産とはどういう状態かを説明するのに、デフォルトはロジックとしてわかりやすいが、デフォルトしなければ国家破産しないということにはならないのだ。デフォルトするかどうかに関わらず、「財政が持続不可能になった時点」で、その国家は破産していると言える。

## ②ハイパーインフレ（通貨の暴落）

国家が破産するとほぼ間違いなく起きるのが、「インフレ」だ。国家財政が破綻するとその国の信用が失われるため、その信用を後ろ盾に価値を維持しているものはすべてその本来の価値を失う。当然、通貨価値も損なわれる。

円が暴落するということで、為替市場では大幅な円安となる。どの程度まで円安が進むかは、インフレの程度に大きく影響される。日本について言えば、インフレになれば円安が進みデフレになれば円高が進む。もちろん為替相場は様々な要因で動くため、物価に完全に連動するわけではない。ただし為替相場は長期的には物価にある程度連動して動くため、長期の大まかな目安にはなる。

仮に、年率二五％のインフレが一〇年続けば、物価は約九・三倍になる。これは通貨価値がおよそ九分の一に減価したことを意味し、単純に為替レートに当てはめると一ドル＝一五〇円が一ドル＝一四〇〇円くらいに円安が進む計算になる。ひとたびインフレに火がつきハイパーインフレに至れば、一ドル＝五〇〇円や一〇〇〇円などといった通常では考えられないような為替レートは、いとも簡単に現実のものになる。

通貨価値の暴落は、輸入物価を極度に押し上げインフレとなって私たちを襲う。通常のインフレとはまったく異なる悪性インフレで、制御不能の「ハイパーインフレ」だ。一万円札一枚で説明するなら、次のような感じだ。今ならー万円出せば、ちょっとしたディナーを食べることができる。それがインフレがひどくなると、一万円では立ち食いそば屋の〝かけそば〟くらいしか食べられないといった感じだ。物価は二五倍ほどに高騰し、かけそば一杯が一万円に跳ね上がる。一万円だったディナーは、二五万円くらい出さないと食べられなくなるわけだ。為替レートも、一ドル＝三〇〇〇円か四〇〇〇円くらいになっているだろう。

「あまりにも大げさだ。あり得ない」と思う人もいるだろう。無理もない。通常では確かにあり得ない話だ。しかし、歴史を振り返れば信じられないような極端なハイパーインフレ（通貨の暴落）は何度も起きている。第一次世界大戦後のドイツのハイパーインフレは特に有名で、物価は一兆倍に暴騰した。わが国でも第二次世界大戦中および戦後にかけて、物価が数百倍に高騰するハイパーインフレに見舞われている。

これらは「遠い歴史上の昔話」などではない。比較的最近の例では、ジンバブエですさまじいハイパーインフレが起きている。二〇〇九年のインフレ率は、六五×一〇の一〇七乗%に達したという。聞いただけではまるで意味がわからない数字だが、これは二四・七時間で物価が二倍になるペースだ。つまり、ほぼ毎日、物価が二倍になるということだ。

さすがに日本では、ここまで極端なハイパーインフレが起きることは考えにくい。ピーク時には年率一〇〇%程度のハイパーインフレがあるかもしれないが、それを除けば数十%くらいのインフレ率になるのではないかと考えている。それでも、それが長期間続けば大変な破壊力になる。

仮に年率二五%のインフレが続くとすると、物価は一〇年で九・三一倍、二〇年で八六・七倍、そして三〇年では実に八〇七倍にもなる。そこそこの高級車が新車で買える八〇七万円というちょっとした大金が、三〇年後には一万円の価値しかなくなってしまうということになる。つまり、八〇七万円という大金を積んでもクルマどころか下手をすると安物の自転車一台買えなくなるのだ。

債券の暴落に伴い、金利もとてつもない勢いで上昇する。またハイパーインフレといっても、一直線に物価が上がって行くのではなく、大きく変動しながら上がって行く。多くの人は、この〝変動〟にやられてしまうのだ。

ちなみに年率二五％のインフレというのは、国家破産としては「軽症」の部類だ。本書を執筆している二〇二四年四月現在でも、さらに激しいインフレに悩まされている国は存在する。たとえば二〇二四年三月のトルコのＣＰＩは、前年同月比六八・五％の上昇を記録した。またアルゼンチンに至っては、同年同月のＣＰＩが前年同月比二八七・九％もの上昇を見せた。仮に年率一〇〇％のインフレが続いた場合、物価は一〇年後には一〇二四倍に高騰する。この通貨価値の低下を単純に為替レートに当てはめれば、一ドル＝一〇万円になっていても不思議ではないということになる。

もちろん、物価が大幅に上がればサラリーマンの給料も高齢者の年金も引き上げられるはずだ。そうでなければ、生活できるはずがない。たとえ物価が二倍になろうとも、給料や年金も二倍に増えれば生活水準は変わらないから安心だ。しかし、残念ながら給料や年金はインフレ率ほどには上がらないと考えておくべきだ。物価が一年間で二倍（つまりインフレ率一〇〇％）になったとすると、給料や年金は良くてもせいぜい八〇％か九〇％の上昇に留まるだろう。

年金額は、消費者物価指数などの統計データを基に決められる。ある月の統計データが発表されるのは早くても翌月だ。それを基に年金額が引き上げられても、インフレが続く限り年金の上昇率がインフレ率に追いつくことはできない。給料にしても同様だ。物価が激しく乱高下しながら大幅に上昇する中、先々の物価水準を予測してそれに見合う賃上げを行なうなどまず不可能だ。どうしても、賃上げは物価動向の後追いになる。そのため、インフレが続く限り給料や年金の上昇率がインフレ率に追いつくことはまず期待できない。その差の分だけ、生活水準は確実に低下して行くことになる。しかもそれは、インフレが続く限り時間が経てば経つほどひどくなる。

一〇年間、年率二五％のインフレが続く中で、仮に給料と年金額が年率二〇％で増え続けたとしよう。給料と年金額は一年で一・二倍、二年で一・四倍、五年後には二・五倍に増加する。一方、インフレ率は年率二五％だから一年後に物価は一・二五倍になる。給料と年金額は一・二倍になるから、物価上昇に対して九六％の収入が確保できる。家計は多少厳しくはなるが、十分やりくりできるレベルだろう。

ところが、時間の経過と共に両者のギャップはとてつもなく広がって行く。五年後には物価が三倍になるのに、給料と年金額は二・五倍にしかならない。物価上昇に対して、八三％の水準に留まるわけだ。こうなると、多くの家庭で、家計のやりくりは厳しくなるに違いない。

さらに一〇年後には、物価が九・三倍、給料と年金額は六・二倍と両者の差は開いて行く。二〇年後には、物価が八六・七倍、給料と年金額は三八・三倍となり、その差は二倍を超える。これは、実質的な収入が半分以下に激減することを意味する。

## 物価と給料（年金）の差は広がって行く

| | 物価 | 年金 |
|---|---|---|
| 1年後 | 1.25倍 | 1.2倍 |
| 3年後 | 1.95倍 | 1.72倍 |
| 5年後 | 3.05倍 | 2.48倍 |
| ↓ | ↓ | ↓ |
| 10年後 | 9.31倍 | 6.19倍 |
| ↓ | ↓ | ↓ |
| 20年後 | 86.73倍 | 38.33倍 |

**20年後には年金額は約38倍に増えるが、物価は約86倍に上昇するため、年金額の実質的な価値は半分以下に激減。**

**年金収入が月15万円なら実質7万円弱で、給料が月30万円なら実質13万円程度で生活しなければならない。**

年金収入が月一五万円あるなら、その実質的な価値は七万円弱ということになる。給料が月三〇万円なら、その実質的な価値は一三万円程度ということになる。つまり、リタイア世代で月七万円、現役世代で月一三万円ほどの収入で生活しなければならないということだ。

通貨価値の下落は、資産価値にも大きな影響をおよぼす。不動産や株などの資産価格は、インフレを考慮しない〝名目上〟は大きく上昇するだろう。

しかし、国家破産というものは、国そのものの価値が下がり売られることを意味する。日本であれば「日本売り」という状況は避けられず、しばしば暴落に見舞われるに違いない。市場は極めて不安定になり、まるでジェットコースターのように普通では考えられないような乱高下を幾度《いくど》となく繰り返す。だから一つ読みを間違えると、死ぬ目に遭う。

だが、このような混乱時は、上手くやれば財産を何十倍にも殖やすことができるチャンスでもある。

## ③金利の上昇（国債価格暴落）

デフォルトにも通ずる部分だが、国家が破産すると国債価格も暴落する。当然、国債に投資していた者は甚大なダメージを被る。

「私は国債に投資していないから大丈夫だ」と考える人は、国家破産というものを理解しているとは言えない。国債を保有していない人にも大きな影響をおよぼすのが「金利の上昇」だ。国債が暴落すると、金利は急騰する。お金のレンタル料である金利には、貸出先の信用力が反映される。信用力の高い相手には低い金利が適用され、信用力の低い相手には高い金利が適用される。破産して信用力が著しく低下した国家には、低い金利では誰もお金を貸してくれない。国債は国の借金の借用証書だから、その借金に対して設定される金利も当然、高くなるわけだ。

国債暴落に伴う金利の上昇は、市場全体の金利に広く影響をおよぼす。一般に、市場においては国家（中央政府）の信用力が最も高い。たとえ、どんなに財務が健全で優良な企業や個人であっても、企業や個人が国家に属している以上、基本的には国家の信用力を上回ることはできない。そのため、国家の信用力が大幅に低下すれば、国内の企業や個人の信用力もおのずと低下し、企業や個人に対して設定される金利も上昇する。こうして、国内のあらゆる金利が上昇する。

借金を抱える者にとって、金利の上昇は深刻な打撃となる。借り入れの多い企業は、利払い負担の増加により経営が悪化する。財務状態によっては、設備投資はおろか運転資金の確保すらままならなくなる。業績悪化により、会社員の賃金も減る。多くの企業が倒産に追い込まれ、失業者も増える。景気が悪化し、税収が大幅に減ることで財政はますます悪化、金利がさらに上がるという悪循環に陥る。

個人については、金利上昇の影響を最も受けるのは「住宅ローンの利用者」だろう。金利上昇により、住宅ローンの返済に行き詰まる人が急増するに違いない。特に、変動金利で借りている人は要注意だ。通常、ローン金利は固定金利より変動金利の方が低い。日本では、住宅ローン利用者の約七割が変動金利を選んでいる。バブル崩壊後、一貫して金利低下が続いたため、結果的にこれまでは変動金利を選択するのが合理的だったが、変動金利は金利上昇リスクを利用者（債務者）が負っていることを忘れてはならない。

通常、財政が悪化し、その持続可能性に黄色信号が灯ると、長期金利が敏感に反応する。金利が上昇し、それが財政運営に対する警告になるわけだ。警告を無視して野放図な財政運営を続ければ、やがて資金繰りに行き詰まり、財政は破綻する。ところが、日本はあろうことか、その警告自体を出ないようにしてしまった。長期金利をゼロ％近辺に誘導する「ＹＣＣ」（イールドカーブ・コントロール）と呼ばれる金融政策を導入し、前述の買いオペにより国債を大量に買うことで国債価格を引き上げ、長期金利をゼロ％より大きく上昇しないように強引に抑え込んでいるのだ。

日銀は二〇二四年三月にＹＣＣこそ撤廃したが、大量の国債買い入れは続けている。その結果、政府の利払い負担も低く抑えられている。一見すると、合理的で見事な金融政策に見えるかもしれないが、市場原理を無視したこのような政策は市場機能を損ない、様々なゆがみを生むことになる。

その一つが、最近の急激な円安だ。新型コロナ後のインフレに対応するため世界の多くの国が利上げに動く中、日本はYCCをはじめ金融緩和を維持した。諸外国との金利差はどんどん開いて行き、低金利の円は売られ、大幅な円安を招いた。円安は輸入物価の上昇をもたらすため、長年強いデフレ圧力にさらされた日本でも、物価上昇が目立ち始めている。

足元では、アメリカなどで利上げ局面から利下げ局面に移りつつあり、二〇二四年は円高を予想する声が多いが、コロナ危機や紛争が多発する中、多くの国が保護主義を強めており、グローバル化の後退により構造的にインフレ圧力が強まる状況にある。アメリカのインフレ率が十分に低下しなければ、想定されるほどに利下げが進まない可能性も考えられる。

長期金利は本来、債券市場で決まるものだ。中央銀行が決めるものではない。市場原理を無視して金利を抑え込むようなことを続ければ、ますます円が売られることは避けられない。輸入物価上昇が、インフレに拍車をかけることになる。そもそも、金利が本来あるべき適正な水準を大きく下回れば、過剰な金融緩和状態になり、それ自体が景気過熱、資産価格の高騰を招き、インフレをもたらす。物価の高騰に国民の不満が高まり、批判の矛先が政府と日銀へと向かう。結局は、政策金利の大幅な引き上げに追い込まれることになろう。

市場をコントロールしようと市場原理に逆らえば、いずれは市場からの手痛いしっぺ返しを受けるはめになるのだ。

## ④ 大不況

一般に、経済にとってはデフレよりインフレが望ましい。物価が下落を続けるデフレは、不景気そのものだ。しかし、インフレにも「良性」のものと「悪性」のものがある。経済活動が活発で、モノがよく売れることで物価が上がり、企業の業績が上がり、労働者の賃金が増え、ますますモノが売れるという好循環により物価が緩やかに上昇するのが良性のインフレだ。それに対して、資源価格の高騰などで原材料をはじめとするコストが上昇することで引き起こされる物価上昇は、悪性のインフレだ。悪性インフレは不況下でも起こり、「スタグフレーション」と呼ばれる。不景気とインフレが同時進行で起きる現象で、七〇年代の「石油ショック」が典型例だ。

すでに述べたような、国家財政の悪化が引き起こすインフレは「財政インフレ」と言われ、ハイパーインフレをもたらす極度の悪性インフレと言ってよい。景気が良くなるわけがない。国家破産に伴うインフレは、すさまじいほどの大不況をもたらす。景気が悪くなれば需要が落ち込み、モノが売れなくなるから通常は物価が下落するが、国家破産に陥った場合はどんなに景気が悪くなろうが物価が下がることはない。根底に財政に対する信認崩壊があり、そのインフレは通貨価値の暴落を反映しているにすぎないからだ。

すでに述べた通り、インフレによりサラリーマンや年金生活者の生活は苦しくなる。また金利が上がれば、住宅ローンを抱えた個人、借り入れの多い企業は大打撃を受ける。その影響は、借金のない人にもおよぶ。金利が極端に上がることで個人も企業も借り入れを控えるし、貸す側の金融機関も融資姿勢が厳しくなり、貸し渋りや貸し剥《は》がしが横行するだろう。

倒産する企業が増え、失業者も増加する。こうして民間の経済活動は停滞し、景気は極端に冷え込むことになる。国民の多くは生活が苦しくなり、貧困者が増える。人心は荒廃し、治安は極度に悪化する。窃盗《せっとう》や詐欺などは日常茶飯事となり、強盗や誘拐《ゆうかい》、殺人などの凶悪犯罪も増える。もはや、日常生活を安心して送ることは困難になり、資産家の家族は護衛を付けて行動するようになる。

生活基盤が破壊されることで、多くの人がメンタルをやられる。うつ病やアルコール依存症、不安障害などの精神疾患を患う人、厳しい現実から逃避するため不法薬物に手を出す人など、精神的に病む人が続出する。自ら死を選ぶ人も増える。

## ⑤預金封鎖（引き出し制限）・財産税

「預金封鎖」も国家破産で起きるお決まりの出来事だ。文字通り、銀行預金口座が封鎖され、お金を引き出せなくなるということだ。実際には全額引き出せなくなるわけではなく、たとえば「一ヵ月間に引き出せる預金は一〇万円まで」といった引き出し制限がかけられるケースが多い。ただ、自分のお金を自由に下ろせなくなることには変わりないし、そもそも一〇万円や二〇万円程度では一ヵ月の生活費に消えてしまうだろう。要は、「最低限の生活費の引き出しは認めるが、それ以外のあなたの財産はすべて凍結《とうけつ》しますよ」という意味だ。

預金封鎖は終戦直後、一九四六年（昭和二一年）の日本で実際に起きている。当時、日本は戦争直後の混乱の中で物資が極度に不足し、すさまじいインフレに見舞われていた。そして、インフレ対策の名目で行なわれたのがこの預金封鎖である。

昭和二一年二月、突如として国民の全預金が封鎖され、新円切替が行なわれた。旧円から新円への切り替えは、一人当たり一〇〇円に限り許され、それ以外の旧円は強制的に預金させられた。封鎖された預金から引き出せるのは、一ヵ月当たり世帯主が三〇〇円、それ以外の家族は一〇〇円（三月三一日からは世帯主も一〇〇円）だけだった。激しいインフレの中、この金額ではとても

## 昭和21年の財産税の税率

| 段階 | 課税価格 | 税率 |
|---|---|---|
| 1 | 10万円超―11万円以下 | 25% |
| 2 | 11万円超―12万円以下 | 30% |
| 3 | 12万円超―13万円以下 | 35% |
| 4 | 13万円超―15万円以下 | 40% |
| 5 | 15万円超―17万円以下 | 45% |
| 6 | 17万円超―20万円以下 | 50% |
| 7 | 20万円超―30万円以下 | 55% |
| 8 | 30万円超―50万円以下 | 60% |
| 9 | 50万円超―100万円以下 | 65% |
| 10 | 100万円超―150万円以下 | 70% |
| 11 | 150万円超―300万円以下 | 75% |
| 12 | 300万円超―500万円以下 | 80% |
| 13 | 500万円超―1500万円以下 | 85% |
| 14 | 1500万円超 | 90% |

生活できなかった。預金が封鎖されている間、ハイパーインフレが進み預金の実質的な価値は見る見るうちに目減りして行った。

預金の他、国民が保有する株式や公社債などの有価証券、生命保険、無尽《むじん》(定期的に掛け金を払い、掛金を払った人に対して抽選・入札・談合によって物品や金銭を与える)、年金などの財産も申告が義務付けられた。国民のほとんどの財産は政府に把握、凍結され、財産税がかけられた。一〇万円(現在の価値で四〇〇〇万円程度)超の資産を保有している人が課税の対象となり、資産の額が多くなるに従い税率が上がる超過累進課税がとられた。税率は、最低の二五%から一四段階で設定され、一五〇〇万円(現在の価値で六〇億円程度)を超える金額に対しては、なんと九〇%の税率が課せられた。このような極端な累進課税は富裕層に大打撃を与え、多くの富裕層が没落して行った。

預金封鎖は二年半もの間続き、一九四八年七月二一日にようやく解除された。しかしインフレによる目減りで、預金の価値は戦時中に預け入れられた時の、わずか五〇分の一になってしまった。

国家というのは、正常な時はよいが破産すると一般の個人と同様、借金を返すことができなくなる。借金があまりにも巨額になり返せないとなれば、あとは踏み倒すしかないのだ。

日本の場合、誰からの借金を踏み倒すのか？　日本の国債は、ほとんどが国内で消化されている。日本国債を大量に買っているのは、日銀、都銀、地銀、ゆうちょ、生保などの金融機関だ。それらの金融機関を通じて、私たち国民の預金などが国債購入に充てられている。

つまり、日本国にお金を貸しているのは外国人ではなく、残念ながら私たち日本国民なのだ。私たち日本国民が、借金を踏み倒されるということだ。それは「インフレ」「金利上昇」「大不況」「財産税」などの形で国民に襲いかかり、多くの国民が財産を失い、塗炭《とたん》の苦しみを味わうことになるのだ。

# 第三章

## 地球上で起きてきた国家破産の本当の話
## ――アルゼンチン、トルコ、ロシアの実像

## 現地取材で見えてくる国家破産の〝ひどい現実〟

私は、現場（現地）取材が大好きだ。経済ジャーナリストとして国家破産の研究をライフワークにしているが、財政の他にも軍事、自然や観光都市、どれにも興味があり、海外には結構な頻度《ひんど》で出向いている（コロナ禍の最中はさすがに出かけなかったが）。

私の尊敬する長州の維新志士である吉田松陰は、「人間の第一は、行動である」といった趣旨の言葉を弟子たちに言って聞かせた。私も、もちろん普段から読書や学問を好んでいるが、結局のところ自身の目で見ないと納得できない性分である。やはり、「実際の行動」（現地へ行き自分の目で確かめること）こそが最も重要ではないだろうか。

「百聞《ひゃくぶん》は一見に如《し》かず」という使い古された格言は、今もってなお有効と言える。というのも、メディアや人からの伝聞と現地で実際に体験することには、感じ方に圧倒的な差が出るのだ。

とりわけ、メディアと現地のギャップは相当なものであることが多い。たとえばどこかで起きている紛争一つとっても、メディアはセンセーショナルな報道に徹することがほとんどで、実際に現地へ赴《おもむ》くと意外にも平穏だったりする。

この点、近年の日本メディアの外信（外国からの通信）部の取材力低下は著しく、もはや日本のメディアだけを見ていても情報収集が適わない。最近のウクライナ戦争、中東での紛争もそうだが、日本メディアは自分たちで取材することなく、欧米メディアの受け売り報道が多数を占めるようになっている。湾岸戦争の頃は、間違いなく今よりもマシであった。元々、私は新聞社の報道カメラマンだったので、日本メディアの報道能力の弱体化を苦々しく思っている。こと経済危機の取材になると、戦争や紛争にも増して日本メディアから得られる情報が少ない。

私は、必ず現地を取材する。今までに経済破綻した国で取材した経験があるのは、ベトナム、ロシア、韓国、トルコ、ギリシャ、ジンバブエ、アイスランド、アルゼンチンだ。ちなみに南米のベネズエラも取材しようとしたが、情勢があまりに不安定であったため、隣国キューバからの取材を余儀なくされている（そのキューバの経済も、破綻していると言って差し支えないが）。

どの国も経済が破綻した原因や事情こそ違っていたものの、想像を絶する国民の困窮ぶりだけは共通していた。次項から、私の取材を通して得たロシア、トルコ、アルゼンチンの実像をお伝えして行こう。

## ソ連崩壊後のロシアが歩んだ「究極の茨道《いばらみち》」

ソ連崩壊以降のロシアは財政・金融危機の常連国となっている。ソ連崩壊の一九九一年から一九九九年までの国家破産を皮切りに二〇〇八年、二〇一四年、さらに直近では二〇二二年から現在も危機に瀕しているのだ。

中でもひどかったのが、一九九八年の財政危機である。そこから数年が経った二〇〇〇年から三回に亘って、私はロシアを現地調査で訪問した。

実は、ロシアが国家破産の真っ只中にいた頃にも、一度トランジットでモスクワ空港を利用している。モスクワ経由でヨーロッパに向かう途中のわずか二、三時間の空港滞在であったが、いまだにその時に受けた強烈な印象が頭から離れない。まず、国際空港にも関わらずとても薄暗かった。節約のため、電灯を極端に少なくしていたのだろう。そして、時間を潰すために空港内のレストランに入り食事を注文すると、出されたのはなんと薄っぺらのハム一枚。しかも、腐っているのではないかと思うほどの品質で、口にできなかった。

それから数年後の二〇〇〇年の訪問は、国家破産の嵐がすぎた直後であったため、当初はいろいろな体験をした人から興味深い話を聞けるのではないかと期待していたのだが、その期待は見事に裏切られることになる。

というのも、一九九一―九九年の最後の一年があまりにも悲惨すぎて、みんな当時のことなど思い出したくない、語りたくないと言うのだ。事前にロシア在住の日本人にアポイントを取っておいたので、必要な情報だけはインタビューできたことが幸いだった。

まずは、ソ連崩壊後のロシア経済について簡単に説明したい。ロシアが味わった深刻な経済危機は、ソ連の崩壊に端を発する。ソ連の崩壊が起きた一九九一年には、政情の混乱により「ハイパーインフレ」という悪魔が姿を現し、新しくできたロシアに襲いかかりつつあった。ハイパーインフレは国家破産の先鋒《せんぽう》とも呼ぶべき出来事で、こうなるともう国民生活はぐちゃぐちゃになる。

ＩＭＦですら当時のインフレ率に関するデータを持っていないが、私が取材した感覚で評価すると、一九九一年からロシアを襲ったハイパーインフレは年率七〇〇〇％という殺人的なインフレで、それが実に三年間も続いた。七〇〇〇％とは一年で物価が七〇倍に上がるわけで、逆に通貨・ルーブルの価値が一年で七〇分の一になったということである。

それが、三年も続いたのだ。二年後にはルーブルの価値が四九〇〇分の一に、三年後にはなんと三四万分の一になった計算になる。これは、仮に一〇億円の資産を持っていた超富裕層が、三年後には三〇〇〇円ぽっちの所持金になるということだ。自国通貨（ルーブル）しか持っていなかった一般のロシア人には、たまったものではない。年金で暮らしていた品の良いおばあさんがマーケットの片隅で空き缶を持って物乞いをしていたのは、この頃のことだ。

そして、一九九三年七月二四日に大事件が起こる。苛烈なハイパーインフレという状況を、ロシア政府はなんとか打開しようといくつかの政策を実行していたが、インフレはその時点でも止まる気配がなかった。

そこでロシア中央銀行は、一九九三年七月二四日に究極の〝荒療治〟を発表するに至る。大体、良くないことが発表されるのは相場が動いていない時で、市場が終わった金曜日の夜が多い。この時もご多分にもれず、七月二四日土曜日の未明に発表されている。ちなみに戦後の日本、そして近年のキプロスやギリシャの預金封鎖も週末に発表された。

この日、ロシア中央銀行が「一九九二年までに発行された紙幣の国内流通を、七月二六日午前零時をもって停止する」といきなり宣言したのである。ロシア国民にとってまさに〝寝耳に水〟の出来事で、大パニック発生である。

声明によると、一九六一―九二年までに発行されたルーブル紙幣がすべて使えなくなり、国内で流通する紙幣は一九九三年以降に発行されたものに限られた。肝心の旧紙幣は、銀行窓口で三万五〇〇〇ルーブルを上限に七月二六日から八月七日の二週間という短い期間内に一回限り、有効な紙幣と交換できる。そして、それ以上の額は最低六ヵ月間銀行に預金することが定められた。

ハイパーインフレの状況で預金封鎖とデノミ（ここでは新紙幣への交換）と聞くと戦後の日本を彷彿とさせるが、国民からするとあまりにひどい措置である。なにせ、発表から二週間内に銀行で両替するか貯金するかをしない場合、一九九二年までに発行された紙幣はすべて紙キレになるのだ。

国民と諸外国の反発はすさまじく、ロシア中央銀行の宣言は七月二六日に出された大統領令で一部修正され、これにより一部の小額旧紙幣の使用が当分認められ、銀行窓口での新旧交換枠は一〇万ルーブルに拡大されたのである。

ただ、この小額旧紙幣の使用の容認は、あまり意味をなさなかった。いくら大統領令が出ても、現場のものを売る商店が小額旧紙幣を受け取らなかったからである。また、突然の発表で新紙幣が不足していたことで現場ではおつりが足らず、実質その分値上げされることも起きた。たとえば、七〇ルーブルの商品を新一〇〇ルーブル札で支払いした時におつりが出ない、という状況である。

一九九三年七月の出来事は、後述する一九九八年の出来事がなければロシア国民にとって最大の悪夢として記憶に残った。ロシアで生活する国民の感覚からするとこの出来事は、単に通貨価値を変更するデノミとは異なり、いきなり持っている資産の実質価値を一〇〇〇分の一にするような、「悪魔のデノミ」と呼ぶべきものだったのである。

その後、一九九四—九五年くらいからはインフレ率の低下と投機熱によってロシア経済は一転してバブルと化した。その立役者となったのが「ニュー・リッチ」と言われる人々（彼らの一部は「オリガルヒ」と呼ばれることでも有名だ）で、海外の口座にドル預金をしていた人やドル建てファンドを購入していた人、また原油や天然ガス、ダイヤモンドといった現物のビジネスを手がけていた企業のトップ、さらには政治と癒着して民営化の過程で荒稼ぎしたマフィアみたいな連中などで、その多くがルーブルの価値下落（すなわちハイパーインフレ）を上手く乗り切る形で莫大な資産を作ることに成功している。彼らはルーブルに比べて何千、何万倍の価値を持つようになった資産を元手に、ロシア国内の不動産をはじめとしてあらゆる資産を買い漁った。

しかし、一九九八年にロシア経済は再び地獄を見ることになる。まず、この年の一月に通貨価値を一〇〇〇分の一にする「デノミ」が実行された。ただ、このデノミはインフレによって暴騰した物価の見栄えを調整したもので、少し混乱があった程度である。

本当の危機は、八月に起きた。一九九八年八月一三日、それまで沸き立っていたバブル熱を冷ますかのように、突然「株式」「債券」「通貨」の大幅なトリプル安が起きたのである。そこからすべてが崩壊するまでは早かった。その四日後の八月一七日、慌てた政府は短期国債の取引停止を決め、事実上ルーブルの切り下げ、民間の対外債務返済の九〇日間凍結を発表する。そしてデフォルトを宣言し、預金封鎖まで行なった。

復興を信じていた国民からすると、まさに驚天動地の出来事である。当時、

## ロシアのインフレ率の推移

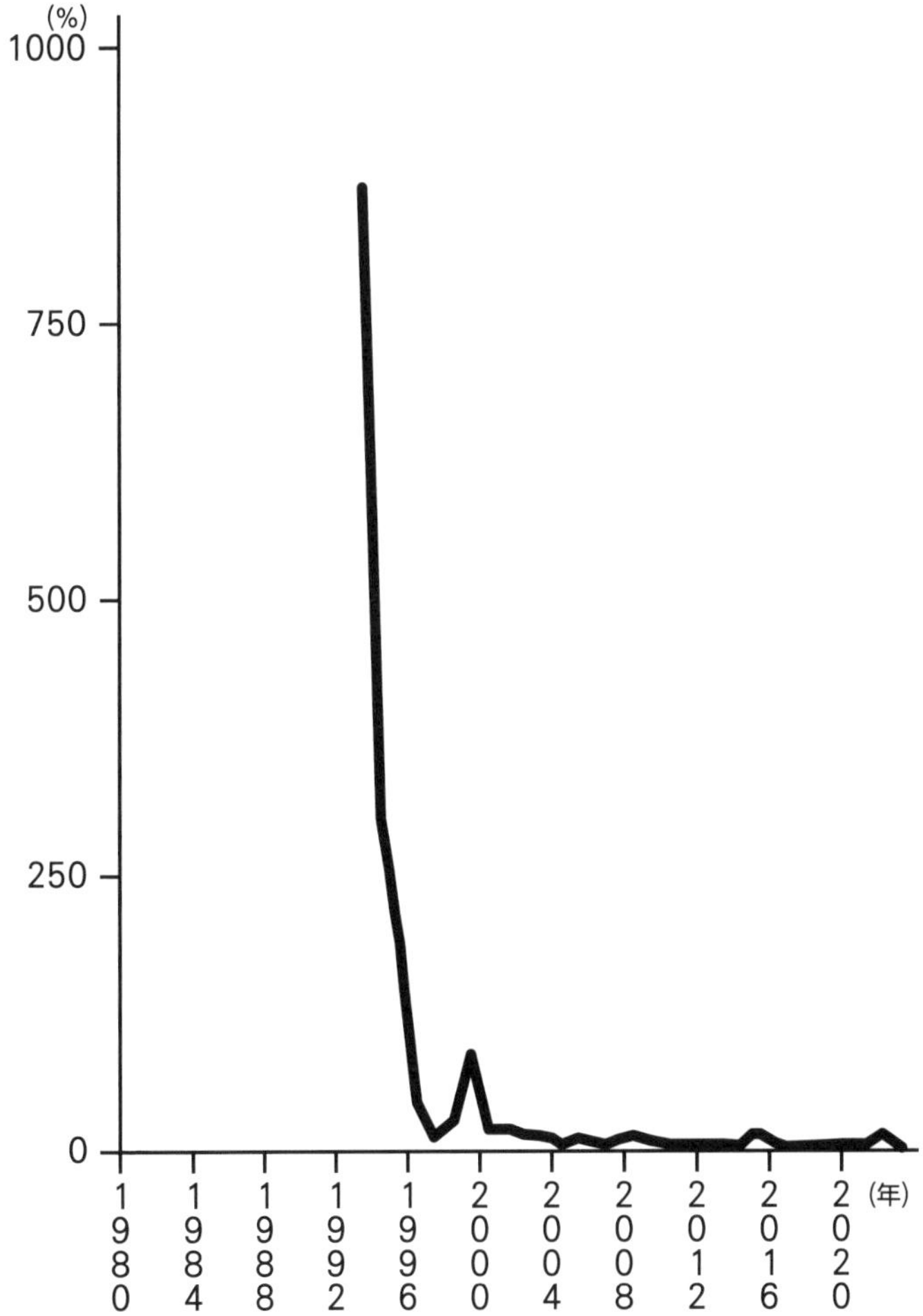


IMFのデータを基に作成

ロシアに資金を提供していてこのショックを体験したある日本の商社マンの言葉を借りると、「マグニチュード一〇の大地震に匹敵する大揺れだった」という。観測史上最大規模の地震は、一九六〇年五月二二日に起きた南米チリ地震（マグニチュード九・五）だが、マグニチュード一〇はそれを超える規模ということで、いかに衝撃的なことが起きたかがわかる。

ロシア国民は、ソ連崩壊後に起きた不思議なバブルを経験したことで国家破産による混乱は終息したと考え、避難させていたなけなしの資産を改めて銀行に入れた人が多かった。これらが、一九九八年の預金封鎖によって〝すべてパー〟となったのである。特に老人は、高金利を目当てにもらった年金をそのままますべて国内の銀行に預けていたため、一夜にして全財産を失うことになった。絶望のあまり自殺するお年寄りが続出したという。

さらにむごいことに、銀行の貸金庫の中身まですべて没収された。これによって、ロシアの年金生活者の人生は完膚なきまでに破壊されたのである。

## 衝撃のインタビュー「混乱期に金《きん》（ゴールド）が役に立たない？」

実は、私は二〇〇二年にロシアを訪問した時に国家破産体験をインタビューしている。インタビューしたのは、モスクワに一〇年以上住む日本人女性である。事前にこちらが聞きたいことをいろいろ調べておいてもらったので、非常に有意義な情報を入手することができた。そのインタビューのポイントを、著書『国家破産サバイバル読本〈上〉』（第二海援隊刊）に記した内容を元にまとめておこう。

「インフレが一番激しかった時は、国民の五〇%がはっきり言って乞食の状態だった。一番大変だったのが、年金生活者だ。年金はなくなり、預金も差し押さえられた。預金封鎖の時である。ひどいのはその後、銀行が雨後の竹の子のように出てきて、一ヵ月八〇%などという高い利息を付け、庶民のタンス預金をされていたなけなしのお金を銀行口座に集めてその後ドロン、というケースが結構あった。大きな銀行が、みんなそんなことをやったのだ。その時はパニックで、山のような人が銀行の前に集まり座り込んでしまった。そのこともあり、基本的に今でも銀行は信用されておらず、国もまったく信用がない。

多くの人が仕事を失った。全員が公務員だったわけで、国家破産では給料はまったく出なくなった。軍需産業と学者は、国から見放された。地下鉄やバスの運転手などには細々と給料が出ていたようだが、学者とお医者さんは一番潰しが効かずに困っていた。それまで医者の給料は国が払い、国民はタダで診てもらえていたのが、国からの給料がなくなり、お金がかかるために国民は医者に行かなくなったのだ。

戦後の日本がそうだったように、破産した国で一番強い職業は闇屋だ。ロシアでは、おばあさんなどが街角で立ってよくものを売っている。警察がくると逃げて、また戻ってくる。毛皮一枚でも、安いところから買ってきて売っているのだ。もう少しまっとうな職業では不動産業者。みんなが食べて行くために家を売るわけで、不動産業者は売買することで手数料が取れるためだ。不動産を買うのは主にマフィアや一部のお金持ちで、日本でもめったにないような高級な家を買っている。完全に二極分化している状態だ。

現在、ロシアには大変なお金持ちがいる。年収が一億円以上ある人も多い。建築や石油、不動産、旅行会社を営んでおり、ロシアの五％の人は国際的にも上位に入るお金持ちである。彼らは国家破産のどさくさで上手く立ち回った人で、『ニュー・リッチ』『ニュー・ロシアン』と呼ばれている。その他、一〇％の『普通のお金持ち』と言われている人がいる。収入が一ヵ月、最低でも六〇〇万円という水準の人だ。有名な歌手の他、石油、メタル、ダイヤなどの産業に関わる人々である。

ここ最近は景気が良くなっている。ルーブルもようやく安定してきて、外国の銀行や合弁会社などもようやくできてきた。国民はロシアの銀行は信用しないので外国の銀行だけが頼りである。一〇年かかり、ようやく落ち着いてきた。ロシアは九年ほど前にデノミをした時に、ゼロを三桁落とした（一九九三年七月二四日発表の新ルーブルへの切り換えを指すと思われる）。続く五年前の八月

（一九九八年八月）に経済恐慌があり、その時は本当に大変だった。海外からの送金があっても受け取れなかったからだ。毎日毎日、五〇ドル引き出すのも大変だった。

お金持ちは、やはりルーブルではなくドルに換えている。ドルに換えるのが一番安全で、その他の通貨には皆、まったく興味がない。ルーブルをマルクに換えると嫌がる人さえいる。金《きん》（ゴールド）はみんな結構持っているが、質は良くない。多くのロシア人は〝一〇金《きん》〟（全体の四二％が金《きん》）で持っている。ロシアでは、金《きん》は財産として持つというものではない。金《きん》は売買するのが難しいからだ」。

ここで、インタビューにも出てきた金《きん》については捕捉《ほそく》を加えておこう。最初にロシアで情報を得た時、ロシア人から「国家破産時に、金《きん》はまったく役に立たなかった」という話を聞いた。聞き間違いか、または通訳が間違えたのかと思ったが、その時は時間がなかったので真偽《しんぎ》を確認しなかった。ただ、どうしても気になったため再度ロシアに訪問した際に詳しく聞いてみると、驚くことがわかった。混乱時には、金《きん》はやはり役に立たなかったのである。理由は、偽《にせ》物《もの》が出回ったため、金《きん》に対する信用が大きく低下してしまったためだ。

金《きん》は、他の金属よりも比重が大きいため、通常は他の金属で同じ形を作ると重さが足らなくなる。ところが、金《きん》よりもはるかに安いタングステンという金属は、金《きん》と比重がほとんど同じなのだという。だから、本当に金《きん》かどうかを確かめる方法は、溶《と》かしてみるしかないのだ。ロシアの混乱時には闇屋での交換が常識だから、きちんと溶かして確認する設備はない。そのため、誰も怖くて金《きん》を受け取ろうとしなかったのである。せっかくインフレで金《きん》の価値が上がっているにも関わらず、物々交換の対象としてはほとんど役に立たなかったのだ。

だから、本当の混乱時には金《きん》は使えないと考えた方がよい。

金《きん》は、あくまでも混乱が収まった時に売却するもので混乱時に活用するものではなく、すべてが終わり落ち着くまで資産を減らさないための手段なのだ。

こういった活きた情報を入手できるのは、やはりインタビューの賜物であろう。

そして、ロシアでのインタビューの最後に、彼女から私たち日本人へ警告を受けた。その警告を掲載しておく。

「ロシアにとってのソ連崩壊は、日本での明治維新のようなもので、それまでパニックがいろいろあったこともあり、ロシア人は国家破産が起きてもパニックにならない強さを持っていた。またロシアには豊富な資源があり、それが近年の経済の立て直しに一役買っている。

ところが、今の日本人はパニックを経験していない。また、日本には資源も少なく、食糧の自給自足もはかれない。本当の苦しい状況になれば大変である。個人個人が、自分の責任で備えておくことが大切であると痛切に感じる」。

## 慢性的なインフレに苦しむトルコを取材

二〇〇一年四月、私はアタテュルク国際空港に降り立った。アタテュルク国際空港は、トルコの首都イスタンブールのヨーロッパ側に位置する空港だ。昔はトルコ最大の国際空港として旅客便が飛び交っていたが、二〇一八年に開港したイスタンブール国際空港にすべての旅客便運航を引き継ぎ、今ある貨物便を中心とした運行も徐々に移行し、将来は空港を閉鎖する予定だという。

イスタンブールは、ヨーロッパ側とアジア側の二つに空港を持つ都市である。ボスポラス海峡に隔てられている地理的要因で、東はアジア側、西がヨーロッパ側となっており、かつてシルクロードの中継地点としてアジアとヨーロッパの文明と経済、民族がちょうど交差する分岐点として栄えた都市だ。

そのような背景から、歴史的に重要な建物や名所が数多く見られ、観光スポットが多彩《たさい》である。たとえば、ブルーモスクやアヤソフィヤ大聖堂、グランドバザール、周辺にはトロイの遺跡やカッパドキアなどがある。アヤソフィヤ大聖堂は、五三七年に建造された世界最大の教会で、中国の万里の長城、エジプトのピラミッドに次ぐ世界で三番目に大きい建造物であることにも驚きだ。

しかし二〇〇一年のトルコ訪問は、そのような名所旧跡を巡る観光目的のお遊び旅行ではまったくなかった。実はある目的のために私は、私のファンと一緒にこの地を訪問したのである。その目的とは、国家破産とは一体どういったものなのか、何が起きるのかということについての実地調査である。特にトルコは、ハイパーインフレが長期に亘ってかなりひどかった国で、その実態を調査するために現地訪問を敢行《かんこう》したわけだ。

現地調査は、実りの多いものとなった。まず、アタテュルク空港に着いてすぐに、仰天させられる事態に遭遇した。空港の両替で八万円ほど両替したのだが、渡された紙幣が「一〇〇〇万トルコリラ札」、しかもそれを七二枚、なんと合計七億二〇〇〇万トルコリラを持たされたのである。一瞬にして、お金持ちになった気分だ。ただ、実際には一〇〇〇万トルコリラは、当時一〇〇〇円程度のものが買えるだけだったので、買い物ではどんどん使うことになった。日本では絶対味わうことのできない、まったく違う感覚であった。

その買い物の際に、またしても衝撃の体験をした。ちょっと休憩しようと、同行したファンの皆さんと一緒にお茶を飲んだ時のことをいまだに忘れることはできない。トルコの有名な飲み物はチャイやトルココーヒーであるが、その時に何を飲んだのか、それが美味しかったのかまずかったのかは、残念ながら記憶にない。鮮明なのは、会計の時のことである。

皆さんにご馳走しようと、私が会計を申し出たのだが、間の悪いことに手元にお札がなかったのでクレジットカードを使おうとした。すると、出てきた伝票にはずらりとゼロが並んでおり、それにサインを求められたのである。三〇〇〇万か四〇〇〇万トルコリラであったが、まずそのゼロの多さに恐ろしさを感じた。そして店員に、「これは、間違いなくトルコリラ建てだな。ドル建てではないな」と強く確認したのである。トルコリラ建てなら、数千円の話である。一方、これがドル建てなら数十億円の話で、うっかりサインをすると即、破産してしまうレベルだ。もっとも、そんな高額がカードで落ちるはずがないのだが、その時は真剣にゼロの数を数えて、通貨の単位がトルコリラ建てであることを伝票に穴があくほど見つめて確認したのである。飲み物の味どころの話ではなかったことを、ご理解いただけるだろう。

しかし、ふと立ち止まって考えると、空港で交換した七億二〇〇〇万トルコリラは、七〇年代や八〇年代前半までのトルコではそれで大豪邸が買えたのである。しかし、そこから二十数年後の二〇〇一年になると旅行の際の滞在費にすぎなくなって、そこからさらに一年経つとその価値は半分になったという。

これほどトルコリラが価値を失うと、どんなに大富豪であっても二〇年経ったら資産をすべて失ったという人もいたことだろう。このような厳しい現実を突き付けられるのが、国家破産である。国家破産という言葉だけでは、規模が大きすぎてとらえどころがないかもしれないが、実体験を紹介すると少しはご理解いただけるのではないか。

さて、ここで過去数十年のトルコ経済について簡単に解説したい。トルコ経済を語る上で欠かせないワード、「高インフレ（通貨安）」「経常赤字」「社会不安」の三つだ。トルコは一九三〇年代に保護主義政策を導入した結果、政府の財政赤字が増え、経常赤字も拡大、経済は長期に亘り停滞し続けたのである。保護主義政策から脱却した一九八〇年以降も慢性的な経常赤字は続き、外貨の枯渇によるモノ不足で高インフレが常態化した。

トルコ歴代の政権はインフレの抑制に失敗し続け、二〇〇〇年にはＩＭＦの改革プログラムを受けるに至る。しかし二〇〇〇年末には深刻な金融危機が起こり、結果的にトルコリラは二〇〇一年二月に変動相場制に移行した。固定相場制の時代もトルコリラは実質的に価値を失ってきたが、変動相場制に至った後もその傾向は続き、第一章でも述べたように、トルコリラの対ドルレートは、一九九二年一月の一ドル＝〇・〇〇五六トルコリラから、直近（二〇二三年一二月）では一ドル＝二八・九トルコリラにまで切り下がっている。この間に、トルコリラの価値はおよそ五一〇〇分の一にまで減価した。

ただし、この間にトルコ経済は、たとえ一時的にせよ奇跡的とも言える復興を実現した場面もある。それこそ、現在のトルコ大統領に君臨するレジェップ・タイイップ・エルドアン氏の登場によってだ。二〇〇三年にエルドアン氏が首相に就任したことをきっかけに、トルコは飛躍的な発展を遂げる。エルドアン氏は、開発が遅れていた地方のインフラ整備を推進。その一方で国有企業の民営化を進めた。その結果、トルコのGDPはエルドアン氏就任後の一〇年間でおよそ三倍の規模に膨張。経済大国としての自信を付けた。

しかし、二〇〇八年から二〇一三年あたりにはリーマン・ショックや欧州債務危機のあおりを受ける形でトルコ経済は徐々に失速し、二〇一三年には大規模な反政府デモ（トルコの春）を経験する。そこからトルコ経済「第二の凋落《ちょうらく》」が始まった。

「私が国家であり、私がスルタンだ」――二〇一四年八月のトルコ大統領選挙で当選を果たしたエルドアン氏は二〇一五年初頭にこう宣言するが、ここからトルコは強権政治の道を歩み出す。当然、海外資本はトルコ経済を嫌気するようになり、エルドアン氏の当選以降は為替レートも加速度的に切り下がるようになった。

今のトルコは、硬直的な通貨安と高インフレ、さらには政治不安に直面している。それでも地政学リスクの高まりに乗じてトルコは対外的な影響力の拡大にまい進しており、どこかで暴発するのではないかといった、危なっかしい国になり果てた。トルコ国民はそれでもエルドアン氏を支持しているようだが、その暮らしぶりは困窮そのものと言える。

## トルコのインフレ率の推移

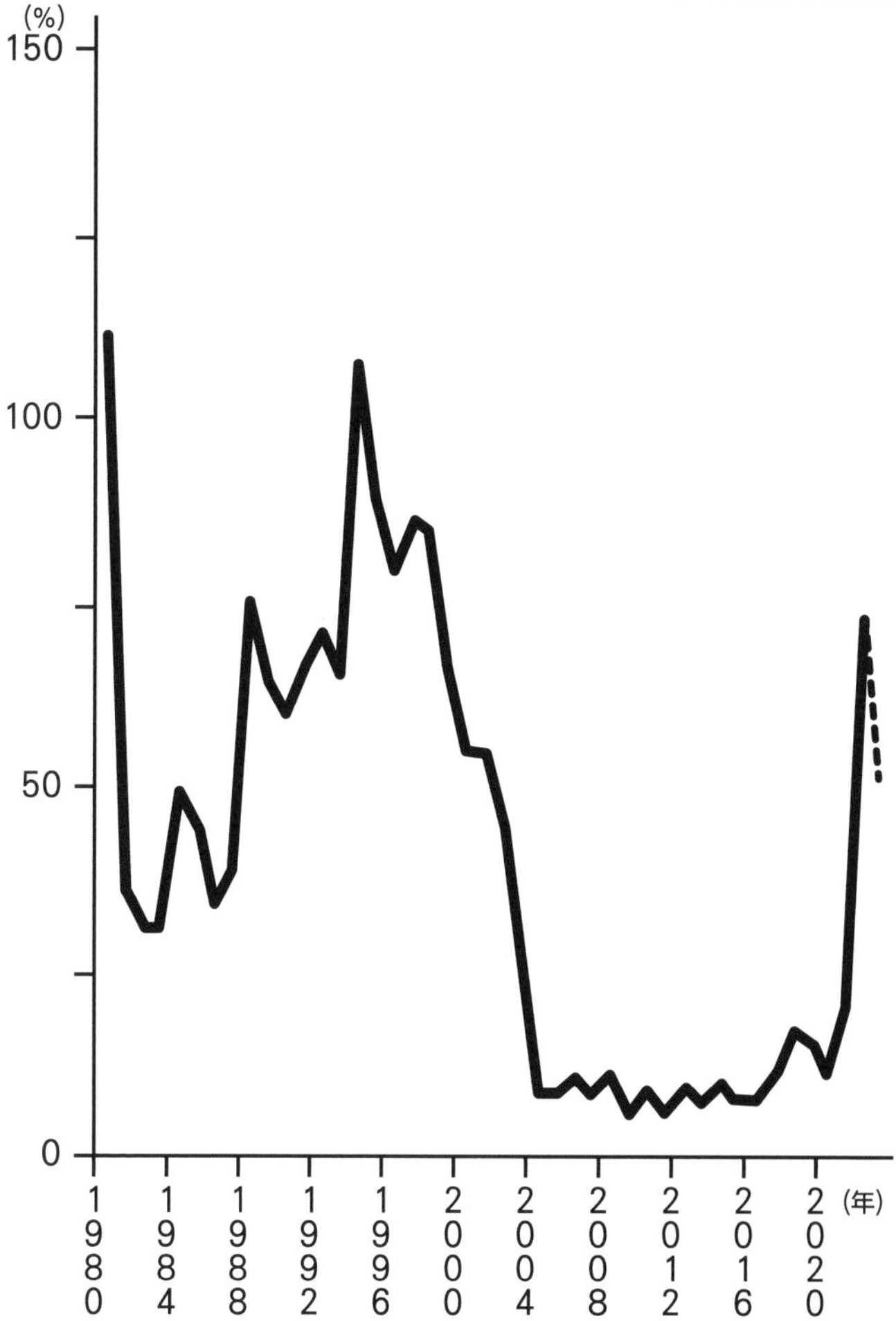


IMFのデータを基に作成

二〇二三年八月二九日付のＮＨＫニュースは、「伸びるアイスも高騰 お金の価値が二年で三分の一になった国」と題し、トルコ国民の困窮ぶりを報じた。報道は、日本でトルコアイスとして知られトルコ国民からも親しまれる「ドンドルマ」の値段が、二〇二一年の夏は一個七・五リラ（当時のレートで一〇〇円ほど）だったものが、二〇二二年の夏は一五リラ、そして二〇二三年の夏は三五リラ（一九〇円ほど）にまで上がったとし、円ベースで見ると為替変動で吸収されるが、トルコ人にとってはとてつもない値上がりだと伝えている。

その原因の多くはトルコリラ安にあるとし、その影響は通勤や通学に欠かせない交通手段にまでおよんでいると指摘。イスタンブール市内には一八の地下鉄やトラム路線が走っているが、一回の運賃が二年前にはおよそ四リラから今では一五リラにまで上がったとした。最後に、青空市場で子供連れの母親が次のように漏らしていたと伝えている「あらゆるものが高くて、あすどうやって暮らすか見えません」（同前）。この母親は、日々の食事で精いっぱいでトマト・ペーストやピクルスといった保存食を作る余裕もないという。

## 通貨リラは過去10年に対ドルで9割下落

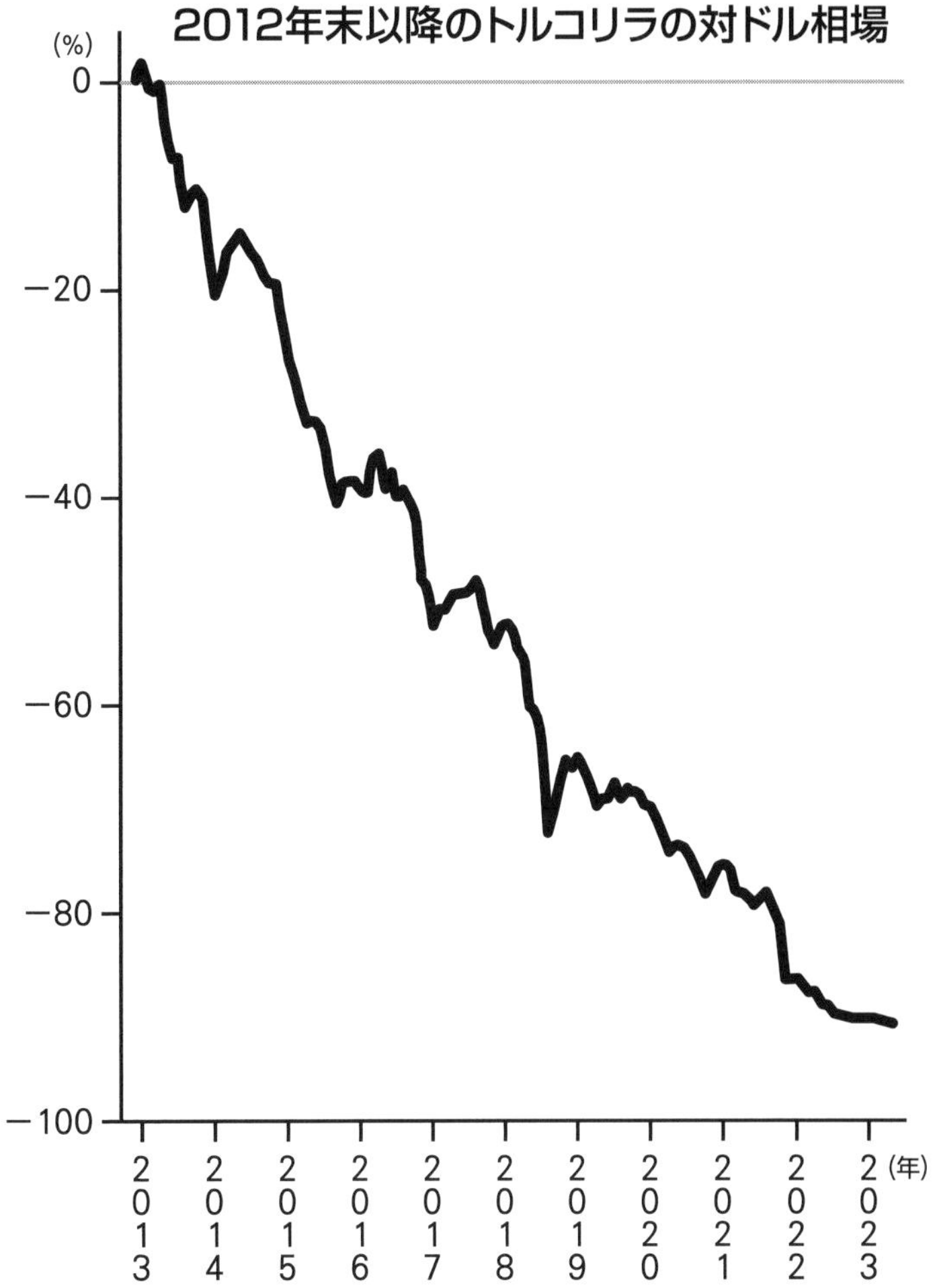


タレットプレボンのデータを基に作成

また、二〇二三年九月三日付の時事通信は次のように惨状を報じた——「トルコは世界有数のハイパーインフレ国家だ。あらゆる物の価格が急上昇する中、特に市民へのインパクトが大きいのは家賃で、最大都市イスタンブールでは過去二年間で三倍以上に急騰した物件も珍しくない。市民の悲鳴を受け、家賃の引き上げ幅を年間で二五％に制限する法律が二〇二二年六月に施行されたが、大家の多くは『インフレ率を大きく下回る値上げ幅にとどめられるわけがない』と訴え、法律を無視。借り手と大家の間にトラブルが絶えず、殺人事件に発展したケースもある」（時事ドットコム二〇二三年九月三日付）。

## 衝撃のインタビュー「ハイパーインフレで最も苦しいのは中小企業」

私は、トルコでも現地で仕事や生活をしている日本人に詳しく突っ込んだインタビューを試みた。そして、現地で合弁企業をやっている日本人の社長さんと日本人のジャーナリストの二人から、とても参考になる話を聞くことができたのである。取材したのは二〇〇一年と少し古いが、国家破産（ハイパーインフレ）は古くて新しい問題でもあり、そこには多くの教訓があるので、きちんと読んでいただきたい。そのインタビューの要点を著書『2003年・日本国破産〈番外編〉』（第二海援隊刊）で記した内容を基にまとめておきたい。まずは、現地の日本人の社長さんの話からだ。

「直近の危機は、二〇〇〇年の秋と二〇〇一年の二月に亘ってトルコを襲った。特に二月は、二〇日からのわずか数日で為替は七〇％ものトルコリラ安（ドルや物価は七〇％上昇）へと急激に振れた。これまでもトルコは年率六〇―一二〇％のインフレに見舞われてきたが、これほど急激な物価上昇（通貨安）は初めてで、トルコ全土が大混乱となった。そして、この間賃金はまったく上がっていないため、労働者の生活は深刻なものとなった。

トルコ内の自動車メーカーは、三ヵ月間製造を取りやめてしまった。誰も現時点での為替レート、トルコリラの価値がわからないため、販売もできず人々も怖がってものを買おうとしない。一週間ごとに物価が目に見える形で上がるような状況下では一旦販売をストップし、その後は恐る恐る様子を見ながらすべて現金でしか売らないという選択肢をとるしかなかった。

政府の財政状況も今回の危機でますます厳しくなった。不景気で車が売れないため、二〇〇一年一―三月期の自動車購入税は予算に必要な七％しか入らなかった。また法人税も、必要な分の一二％しか入ってこないという状況だった。

このようなこともあり、公務員の給料もこのすさまじいインフレの中でもまったく上がらなかったのだ。トルコでは、給料をもらったらすぐにものに換えなければならない。だから、建てかけの家がたくさん放置されている。ある程度まとまったお金が手に入ると、作れるところまで急いで家を作ってしまう。そして次にお金が入るまで待ち、段階的に家を建てて行くわけだ。また、もの以上に人気があるのがドルだ。ドルの現金を持っていれば、どんなものでも安く買い叩ける。このように、インフレ時に強いものと弱いものがはっきりしたこともあり、トルコではインフレのために貧富の差が激しくなったのである」。

もう一人、トルコに一〇年以上住む日本人ジャーナリストに現地でインタビューした。彼女には、トルコの現状について事細かな点までインタビューを行なった。ハイパーインフレ下で生活をするのがどんなに大変なことなのかを、詳しくインタビューで確認している。特に、銀行やトルコリラの現金がどうなったかの部分に焦点を当てて、まとめておこう。

「他の国では考えられないが、トルコでは銀行預金の金利に九〇％や一〇〇％という数字が並ぶ。それがテレビＣＭで盛んに放送されている。このような異様なＣＭでわかる通り、自国の通貨であるトルコリラはまったく信用されていないのだ。そして、銀行も一切信用されていない。これだけ高い金利が付いてもそれ以上にインフレがひどいため、預金にしておくと目減りしてしまう。それに加えて、このように混乱している中では、銀行自体もいつ破綻するかわからない危険な存在と見なされている。

代わりに信用されているのが、金《きん》（ゴールド）、ドル、マルク（ドイツマルク）のこと。当時はまだユーロはなかった）、この三つを現物で保有しておくことだ。

特に、ドルの人気は高い。ドルを持っていれば安心とみんなが思っているのだ。普通の街角のおじさんたちのお財布を見ると、必ずドルが入っていた。日常がすべてドル計算になっているのだ。銀行を使う時もドル預金が基本である。トルコの国民はドル預金を持っている人がほとんどで、普段はドル預金にしておく。そして、何かトルコリラが必要な時はその分をドルで銀行から引き出して、街の両替屋でトルコリラに両替し、再び銀行を訪れてトルコリラの口座に振り込む。なぜわざわざそんな煩わしいことをするのかと言えば、銀行よりも街にある両替屋の方が為替レートが有利だからだ。ただ、そもそも銀行に預けているドル預金も必要最小限にしている。そして、こういった混乱時にはクレジットカードは使えない。決済まで一ヵ月あるわけで、その間に極端にインフレになればクレジット会社が損をしてしまうからだ。

やっぱり信用されたのは、ドル現金だったのである。数日前にドルがトルコリラに対して多少安くなった（ドル安トルコリラ高）時は皆、両替屋の前に群がっていた。ほんの少しで、一％にも満たないドル安だったにも関わらずだ。

特に深刻なパニックの時が二日ほどあったが、その時はすべての取引が一旦ストップした。ものの値段が決められないから、誰も商品を売らなかった。両替屋もその時は開いていない。銀行も取引停止。ちょうど月末に向かう払い込みの時期だったため、中小企業を中心に会社をやっていた人は特に混乱した。瞬間的に金利が何千、何万％となったのがこの時だ。

これが、新たなパニックを引き起こした。借金をしている人が、それを見てみんな青ざめたのだ。このようにインフレが常態化していると長期の固定金利は存在しない。みんなが変動金利のようなもので借りている。それなのに、金利が何万％と言われれば、それが年単位で続くと返済できるはずがない。仮に二年一万％の金利が続けば、元本が一万倍（一〇〇倍×一〇〇倍）に殖えるわけで、もはや正気の沙汰とは思えない。なお、住宅ローンも日本で一般的な三五年という長期のものはなく、せいぜい三年で払い込むタイプになっている。これが先ほどから出てきている通り、家が少しずつ建設される理由でもある。

金利が何千、何万％という借金も恐怖だが、実は本当に悲惨な借金はトルコリラ建てではなくドル建ての借金であった。というのも、トルコリラ建ての金融はまさに崩壊している状態で、基本的にすべての取引はドル建てが標準であった。だから、いくら短期の貸し付けでもドル建てがほとんどだったのだ。ところが、ハイパーインフレ下の外貨建て借金はこれほど危険なものはなかった。給料などはトルコリラでもらうためすぐ価値が棄損《きそん》するのに対して、借金はドル建てで棄損せずにいるためだ。先ほどの魔の二日間では、ドル建ての借金がトルコリラ換算でいきなり倍近くになり、それが一番のパニックを呼んだ。

このような、借金で友達関係が台なしになった例は山ほどあった。貸す方はインフレを恐れてドル建てで貸すわけだが、借りた方はトルコリラでの収入なので当然返せなくなる。借りた側が泣き付いてトルコリラ建ての返済を頼んでも、当然貸す方は首を縦に振らない。同じ状況でも、銀行から借りたのであれば銀行を恨《うら》むということは数多くあったが、大きな組織で仕方がないと割り切ることができる。ただ、それが友人同士になると、これはもう友人同士の関係がぐちゃぐちゃになってしまう。銀行でも、相当石を投げられていた。私（トルコ在住のジャーナリストの方）個人の話で、二月のパニックの頃仕事をしていたが、先方から『仕事の代金をトルコリラで払ってよいか』と打診がきた。もちろんその申し出は拒否した。『三ヵ月後でよいのでドル払いにしてほしい』と。おそらく、みんながそういったやり取りを行なっていただろう」。

そしてもう一つ、現地で聞いた話をしておこう。ハイパーインフレによってトルコで起きた悲劇である。ある日本人女性が旅行でイスタンブールにやってきて、ハンサムなトルコ人男性と恋に落ちたところから話は始まる。

最初は彼の正体を知らなかったらしいが、実は彼は、ホテルを所有しいくつもの事業を経営する実業家であった。女性は幸せな結婚をして、やがて子供が二人産まれ、誰もがうらやむ生活を送っていたという。

ところが、ある日突然、青天の霹靂《へきれき》がやってきた。トルコはすでに三〇年もの間、年六〇％以上の悪性インフレが続いており、トルコに住んでいる人であればインフレと為替の変動に慣れているはずだった。しかし、急激な変動が突然起きたことで読みを誤った夫であるその実業家は、なんとあっという間に破産する羽目に陥ってしまったのだ。妻である日本人女性によると、あれほどの資産家であった夫が、本当に一瞬にして破滅への坂道を転がり落ちて行ったという。そして、無一文どころか巨額の借金王となってしまったのである。それほど、国家破産に伴う急激なインフレは恐ろしいものなのだ。

ではその後、彼はどうなったか。トルコ人の夫はすべてを捨てて、妻と子さえ捨てて、なんと日本に逃げてしまったのだ。それからの行方は、まったく不明だ。残された彼女は、女手一つで子供二人を育てると同時に日本の実家の助けを借りながら、夫の残した借金を一〇年以上かけて何とか返済したという。「ハイパーインフレ下で一番リスクを負う職業は企業の経営者であり、とりわけオーナーとしての中小企業である」――彼女はそう結論を出した。私たちにとっての、最大の教訓である。

## 国家破産の常連国アルゼンチン。その惨状は世界最悪だ!!

二〇二三年一〇月二一日、ブラジルの非営利団体「ブラジル日報協会」が発刊する邦字新聞「ブラジル日報」は、在住者レポートとして「アルゼンチンは今＝レストランの食事は札束で＝ハイパーインフレ生活の実際＝今後四年の国政決める大統領選挙」と題した記事を配信した。

この記事からは、日本からすると想像できないようなアルゼンチンの〝日常〟が描かれている。私も二〇一六年と二〇一八年にアルゼンチンを取材したが、率直に言って現地の有様はひどい。国家破産の辛酸《しんさん》を舐《な》めた数人からインタビューしたが、もはや涙なしに聞けないほど悲惨だったことを覚えている。

およそ一世紀前までのアルゼンチンは、れっきとした「先進国」であった。肥沃《ひよく》な土地の大農業、牧畜業をベースに一八九〇―一九二〇年代には、アメリカやオーストラリアと一人当たりGDPが同水準だったのである。GDPランキングでも、世界トップ10の常連国であった。

首都ブエノスアイレスは「南米のパリ」と呼ばれた世界的な都市で、不況にあえぐイタリアから豊かなアルゼンチンに出稼ぎに行った母を探す少年の物語『母をたずねて三千里』の舞台となっている。欧州からの移民の間では、

「ニューヨークか、ブエノスアイレスか」という言葉が出るほどだった。

しかし、ニューヨーク発の「世界恐慌」で転機が訪れる。アルゼンチンはこの時期に世界で進んだ「工業化の波」に乗り遅れたが、それでも国民は生活水準を落とせず高額な社会福祉を求め続け、景気の後退とインフレが並行的に起こるようになった。一九四六年には、「南米左派ポピュリストの元祖」とされるフアン・ドミンゴ・ペロン大統領が就任する。「ペロン主義」として今もなおアルゼンチン以外の南米にもはびこるポピュリズム政策の特徴は、外国資本の排除、企業の国有化、労組におもねる賃上げ、公共医療・公共交通など公共支出拡大、現金性補助金支給、統制的な為替相場政策などだ。日本も、これを他山の石としたい。

こうして、アルゼンチン経済はどん底への道を歩む。二〇二三年一一月時点のアルゼンチンのインフレ率は一四三％。純外貨準備は大幅なマイナスで、預金者は普段からアルゼンチンペソを投げ売りし、景気後退は常態化、国民の一〇人に四人が貧困という状態だった。

二〇二二年一〇月一三日付のロイターは、「ハイパーインフレのアルゼンチン、ごみ物色や物々交換も」と題して次のようにアルゼンチンの〝惨状〟を報じている。『「もう収入が足りない」』と嘆くセルギオ・オマルさん（四一）は、首都・ブエノスアイレス郊外ルハンにあるごみ処理場で、一日一二時間ごみの山をあさる。段ボールやプラスチック、金属などを探し、売っている。食品価格がこの数カ月間で急騰し、五人のこどもを抱えるオマルさんは家族を養うのが難しくなった。生活が行き詰まり、ごみ処理場で、売れるものを探す人は増えているという。『状況が危機的になり、ここに来る人は二倍になった』とオマルさん。リサイクル可能な廃棄物を売れば、一日に二〇〇〇―六〇〇〇ペソ（一三―四〇ドル）を稼ぐことができる」。

## アルゼンチンでは、三日で会社も何もかもが吹き飛んだ

「あっという間だった」――。私が二〇一八年にアルゼンチンで取材したガブ

リエルさん（当時四七歳）は、こう二〇〇一年のデフォルト危機を振り返った。

元マーケット分析会社の副社長で、取材当時はドライバーとして生計を立てていたガブリエルさんに、私は率直に「二〇〇一年当時、どのようなスピードで経済がおかしくなったのか？」と尋ねたところ、冒頭の答えが返ってきたのである。「夜、彼女と美味しい物を食べて、翌朝着飾ってデートに繰り出し、その翌日に目を覚ますと〝カオス〟になっていた」とガブリエルさんは回想した。三日ほどの間に、考えられないくらい混沌とした世界へ急変したという。

ガブリエルさんが副社長を務めていたマーケット分析会社は、それなりに売上があり、従業員も六〇人強と名実共に中堅どころであった。しかし、「あそこの会社は、支払いもままならない」といったありもしない噂《うわさ》を立てられ、八ヵ月後には倒産してしまったという。

当時、法人としても個人としても銀行口座に多くのお金を入れたが、二〇〇一年二月のバンク・ホリデー（預金封鎖）によって一切の身動きが取れなくなったとガブリエルさんは語った。彼は困惑した表情で「あっという間に会社

## アルゼンチンのインフレ率の推移

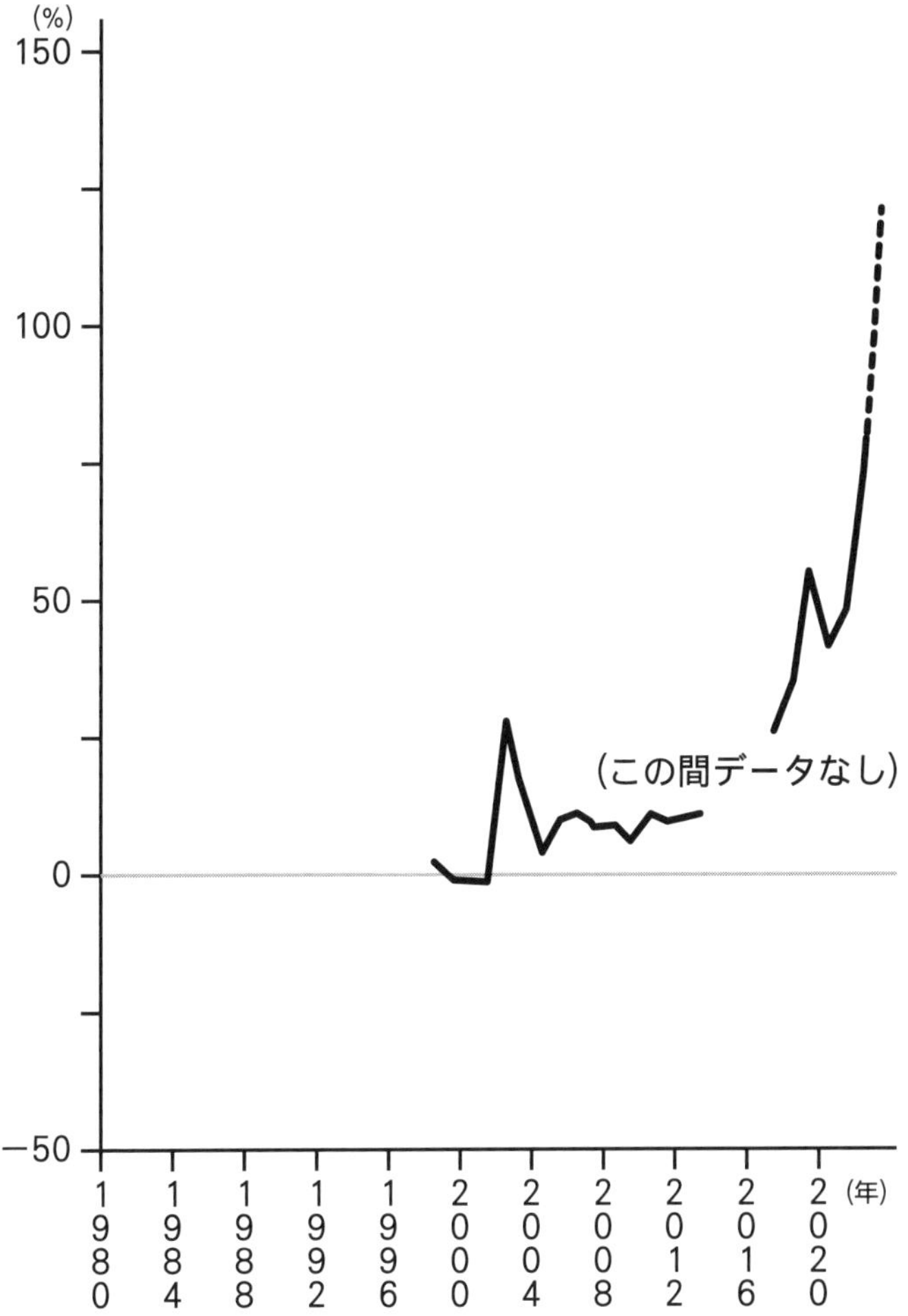


IMFのデータを基に作成

も、家族も、家も愛車も失った。一ドル＝一ペソの固定相場が崩壊し、いきなり一ドル＝一〇〇ペソになった時は意味がわからなかった」と話してくれ、「今も、すべてを失ってしまったその時の状況がトラウマになっている」と告白してくれたのである。

「国（政府）も銀行も信用できない」と言い切るガブリエルさんは、いかにドルの現金を持つことが大事かということを何度も強調した。今でも富裕層の多くは海外に口座を持ち、出張だのと言い張ってはドルを預金し海外へ渡航しているという。彼自身もいざという時のためにドルの現金をベッド（マットレス）の下に隠し込んでいると白状した。

取材中、ガブリエルさんは「悪いことの後には、必ず良いことがやって来る」と自分に言い聞かすように繰り返していたのが印象的だったのを私は覚えている。彼はそれは「五年周期」だと言い、「今は良い方向に向かっているタイミングだ」と笑顔で去って行った。

私もガブリエルさんの将来が明るくなるようにと願ったが、その後もアルゼンチン経済は相当に厳しい状況に置かれている。インタビュー翌年には、再び資本規制が実施された。アルゼンチンでは、二〇一九年から個人・法人を問わず外貨の購入を制限する資本規制が導入されている。個人が一ヵ月につき一万ドル（約一五五万円）を超える外貨を購入する際、当局の許可が必要になる。法人の外貨購入も許可制だ。アルゼンチンのような通貨の信認が失われて行く国では、こうした資本規制が当たり前に導入されている。

## 日本円がトルコリラやアルゼンチンペソになる日

唐突だが、皆さんは「国際金融のトリレンマ」をご存じだろうか。これは、どんな国家でも「為替相場の安定」「金融政策の独立性」「自由な資本移動」の三要件は同時に満たせず、どれか一つはあきらめなければならない、というものである。

「為替相場の安定」をあきらめたのが、日本を含む多くの先進国だ。独自の金融政策をとれば、当然のごとく国内外で金利差が生じる。資本移動が自由であれば、金利差の拡大や縮小を通じて資本の流出入が起こるため、為替相場の絶対的な安定は望めない。

「金融政策の独立性」をあきらめたのが、ユーロ圏や香港だ。自由な資本移動を許しながら為替相場を固定するには、金利差があってはならない。言い換えると、独自の金融政策をとれないのだ。このため、ユーロ圏は金融政策をECB（欧州中央銀行）に一任しており、香港の金融政策は有無を言わさずアメリカに連動する。

「自由な資本移動」をあきらめているのが、中国だ。中国は為替相場の乱高下は避けつつ、金融政策の独立性は守りたいと考えており、そのために資本移動を制限している。

さて、ここでクイズだ。今の日本は「為替相場の安定」をあきらめているが、あまりに円安が暴走すれば、「為替相場の安定」を取り戻すために、「金融政策の独立性」か「資本移動の自由」のどちらかを放棄せざるを得なくなるが、そ

## 国際金融のトリレンマ

①〜③のうち、1つはあきらめる必要がある

**①為替相場の安定**
多くの先進国が断念

**②金融政策の独立性**
ユーロ圏各国、香港などが断念

**③自由な資本移動**
中国などが放棄

**ところが……**

■ 日本は長らく「円高恐怖症」が金融政策を縛ってきた歴史

■ 黒田日銀の異次元緩和で「円高恐怖症」は終焉

■ 植田日銀は為替安定と金利安定のはざまで苦しむ新展開

れは一体どちらなのか、という問題だ。

それはおそらく、「資本移動の自由」になる。たとえば為替レートが一ドル＝一六〇―二〇〇円のレンジに突入したとしよう。すると、国民の間で輸入インフレに反発する声が高まるのは必至だ。そうなると、政治サイドからも日銀に対して通貨防衛に臨むべく圧力がかかるかもしれない。しかし、日本には深刻な債務問題がある。そうなれば、日銀は大胆な利上げを拒むかもしれない。

そうであれば、為替相場の安定を実現させるには、おのずと「資本移動の自由」を制限させなくてはならなくなる。だからこそ、円安が暴走した際、ここ日本では高金利による固定相場制よりも資本規制が導入される可能性が高い。

おそらく、日本人が好き勝手にドルを買えなくなる日がそう遠くない将来にやってくる。ロシアやトルコ、そしてアルゼンチンのように、多くの日本人が闇レートに群がる光景が、当たり前になるかもしれないのだ。

# 第四章　ドルの正しい持ち方〈基礎編〉

## 外貨の資産は「わずか三％」

日本人がドルを持つべき理由について、ここまで詳細にお伝えしてきた。おそらく皆さんも、日本が何かしら解決不可能な問題を抱えており、そのために円以外の資産を持つべきということは、うすうすお気付きだったであろう。

日本の財政問題を抜きにしても、日本という国はじれったくなるほど、とにかく成長が鈍い。経済大国ニッポンと呼ばれ始めたのは、今から五〇年ほど前のことである。一九五〇年に始まった朝鮮戦争により特需に沸いた日本は、戦後に奇跡的なスピードで復興を遂げた。一九六四年に東京五輪が開催され、東名高速道路や東海道新幹線などの交通インフラが整備されたことで、日本の発展はさらに加速した。一九五五―七三年までの一九年間の日本は「高度経済成長期」と呼ばれ、年平均で一〇％と、目を見張る高成長を記録している。その過程において、一九六八年ＧＮＰ（国民総生産）がアメリカに次ぐ世界二位に躍進し、自他共に認める経済大国となった。

しかし、それから五〇年ほど経過した現在、過去日本にあった勢いはもはや見られない。経済規模からすればまだ大国なのであろうが、ＧＤＰは中国に抜かれて久しく、二〇二三年にはドイツに抜かれて世界四位に転落したのである。「失われた三〇年」とはよく言ったもので、日本はバブル崩壊後の一九八九―二〇二二年の三三年間で名目ＧＤＰは四三〇兆円から五五七兆円と一・三倍にしかなっておらず、年平均一％の成長もできていないことがわかる。同じ期間で他の国の伸び率を見ると、差は歴然としている。アメリカは五・六四兆ドルから二五・四六兆ドルと四・五倍になっており、ドイツは一・二〇兆ユーロから三・八八兆ユーロと三・二倍になっている。中国はさらに成長率が高く、一・七二兆人民元から一二〇・五二兆人民元と、なんと七〇倍にもなっているのだ。

「名目ＧＤＰの動きとその国の上場株式の時価総額は連動する」というのは、かの著名投資家ウォーレン・バフェット氏の考えである。それで言うと、日本は他国と比較して国の成長速度が著しく遅いのと同時に、それがゆえに株式もなかなか上がらないという状態である。「成長しない」「投資の魅力もない」それに加えて「破産リスクが極めて大きい」と不名誉な三拍子が揃っており、傍《はた》から見ると日本は、非常に〝残念な国〟である。

日本で生活している以上、生活資金としてある程度の円は保有しておく必要がある。これは否定しない。しかし、それ以外の余剰資金のかなりの部分をそのまま〝残念な国の通貨〟である円にしておくのではなく、外貨に換えておくことはもはや必須の状況である。

ところが、実際には日本人はほとんど外貨を保有していない。二〇〇〇兆円を上回る日本の個人金融資産のうち、外貨性の資産は「外貨預金」と「対外証券投資」「投信信託」の三つで、その額は二〇二三年一二月末時点で七八・七兆円、比率はわずか三・七%ほどである。今から二〇年ほど前の二〇〇〇年三月末の同比率が一%に満たない数字だから、そこからは大きく伸びている。しかし、これまで説明をしてきた日本の現状を考えると、三・七%という数字はあまりに少なすぎると言える。

## 主要国の成長比較

| 国名 ＼ GDPと成長幅 | 1989年のGDP | 2022年のGDP | 成長幅 |
|---|---|---|---|
| 日本 | 430兆円 | 557兆円 | 1.3倍 |
| アメリカ | 5.64兆ドル | 25.46兆ドル | 4.5倍 |
| ドイツ | 1.20兆ユーロ | 3.88兆ユーロ | 3.2倍 |
| 中国 | 1.72兆人民元 | 120.52兆人民元 | 70.1倍 |

現状において、日本人はほとんど外貨を保有していないのである。どうしてこうなっているのかという要因を考えてみると、日本人の危機意識が乏しいからという理由の他にもう一つ、日本人は金融の知識が不足しているのではないかという理由に思い至る。これまで関わりを持ってこなかった外貨に対して、ほとんど知識を持ち合わせていないため、魅力の乏しい日本の通貨・円だけをおかしいと思いながらもひたすら持っている可能性があるのだ。

ならば、ここで外貨に対してきちんと正しい知識を身に付け、しっかりと通貨分散を行なってほしい。これから、ドルの正しい持ち方の〈基礎〉を伝授しよう。

## 預金には、金利が付くのが当たり前

この章で紹介するドルの持ち方は、①国内ドル口座　②海外ドル口座　③ドル現金の三つである。いずれも基礎編にふさわしく、基本中の基本だ。

しかし、侮《あなど》るなかれ。それぞれ意外と奥が深く、知らないことも多々出てくるだろう。そして、これを知るのと知らないのとでは、これからのあなたの資産の殖え方、または資産を保全できるかどうかに雲泥の差が生じるのである。

　それぞれ三つの持ち方の詳細を確認する前に、そもそも「銀行」を使うことについて先に解説しておこう。銀行にお金を入れる行為を「預金」と呼ぶ。日本円であろうがドルであろうが、銀行に入れると「円預金」「ドル預金」とそれぞれ呼ばれる。この「預金」という言葉、誰が考えたのか、いつから使われ出したのかはっきりしないが、銀行にとって実に都合の良い言葉である。

「預金」という文字から意味をとると、顧客が入れた資金を銀行が預かるということで、きちんと保管されていると錯覚してしまいそうになるからだ。イメージとしては、銀行の奥にある幾重にもセキュリティーがかけられた重厚な金庫に、顧客の大切なお金がしまってあるというわけだ。

　しかし、このイメージは明らかに現実とは異なる。顧客から銀行に入れられたお金のほとんどは、その銀行から外に出てしまっており、銀行がずっと預かっているわけではない。誤解を恐れずに言えば、ずばり銀行にお金はない。

顧客の預金のごく一部、わずかなお金が銀行の店舗に残っているだけなのである。では、残りのお金はどこに行ったのかと言えば、銀行の裁量によって個人の住宅ローンや企業への融資など、他者への貸し付けに使われて銀行の外に出てしまっているのだ。だから、〝銀行が危ない〟などの噂で顧客が預金の引き出しに殺到すると、すべての引き出しに応じることができず、一時対応不能な「取り付け騒ぎ」が発生したりするのだ。

実は、預金とは銀行にお金を保管してもらうことを指すのではなく、銀行にお金を貸し付ける行為なのである。「貸し手が顧客」で「借り手が銀行」のお金を、私たちは預金と呼んでいるのだ。だから、借り手である銀行が破綻すると、貸し手である顧客にお金が戻ってこない可能性が発生する。

この点を明確に理解した上で、次の質問に回答してほしい――「あなたは人にお金を貸す時に、ただでお金を貸しますか?」。当然、答えは〝NO〟である。今一つピンとこなければ、質問を変えてみよう。「あなたがお金を借りようとする時、無利息で貸してもらえますか?」。もちろん、これも答えは〝NO〟である。銀行などでお金を借りる場合、必ず利息を払わなければいけない。イスラム圏では聖典コーランにより利息が認められていないといった屁理屈が出てくるかもしれないが、ここは日本である。しかもイスラム金融も、貸し手、借り手による利息発生という形ではなく、金融取引を架空の商品取引に置き換え、売買価格に差を付けることで取引の間に入る銀行が事実上の利息を得ている。つまり、世界の常識として無利息でお金を貸す行為は普通では考えられないことで、貸し手は借り手に対して妥当な利息を要求して構わないのである。

では、預金という形で日本の銀行に貸し付けをすると、果たして妥当な利息は支払われるのだろうか。これがおかしな話で、日本では数十年という長期に亘って銀行に預金してもほとんど利息を受け取ることができていないのである。現在（二〇二四年五月中旬）、三菱ＵＦＪ銀行、三井住友銀行、みずほ銀行のメガバンク三行の一年定期の利率を確認すると、三行ともわずか〇・〇二五％で横並びになっている。仮に、一〇〇万円定期預金にして一年後に受け取ることができる利息は、たったの二五〇円だ（税金考慮せず）。本来であれば到底受け入れられないはずの低利息であるが、不思議なことに日本では長年に亘ってこの利息を〝仕方なし〟と受け入れてきた。そのため、今さら円預金の利息について議論しても、せんないことである。

しかし、長い間日本円に利息が付かなかったためにその状態を当然ととらえるのは、明らかに間違っている。元々は銀行にお金を貸し付ける（預金する）わけだから、相応の利息を得られることが当然なのである。この当たり前のことをしっかり身に付けた上で、まずは「国内ドル口座」の話に移って行きたい。

## ①「国内ドル口座」は条件の良さを吟味

日本においては、円預金に利息の付かない状態がごく自然のこととしてとらえられてきた。一方でドル預金の方はと言えば、これも利息が付かなくても仕方がないとお考えの方が多くいらっしゃるかもしれない。特に、少し前の二〇二三年九月上旬までは、先ほどのメガバンク三行においてドルの一年定期預金は、わずか〇・〇一％の利率で横並びであった。二〇二二年三月以降、アメリカであれほど利上げが急ピッチで進んだにも関わらず、メガバンクのドル金利は日本円の金利とほとんど変わらない水準のままだったのである。そのため日本の銀行では、円でもドルでも（他の外貨でも）預金は利息が得られないものと広く認識されてきた。

しかし二〇二三年九月一九日、突然、「そうではない」と言い出した銀行が登場した。メガバンクの一角、三井住友銀行である。「九月二五日からドルの一年定期の金利を五・三％にする」と発表したのだ。〇・〇一％→五・三％と劇的な金利上昇で、まさに青天の霹靂な出来事であった。

三井住友銀行が新しく設定したドル定期の五・三％という金利は、当時のネット銀行が採用していたドル定期の金利水準と同等であった。そして二〇一三年にＳＭＢＣグループの仲間入りをしたＳＭＢＣ信託銀行は、三井住友銀行と同じ金利を付け始めた。それを受けて一部のネット銀行では、差別化のために三井住友銀行よりもさらに高い金利を付けた。三菱ＵＦＪ銀行とみずほ銀行の二行は、三井住友銀行に追随《ついずい》せずにドル金利を〇・〇一％のまま据え置いたが、地銀はドル定期にそれぞれの金利を付け始めた。

二〇二四年五月中旬の時点で各銀行のドルの金利を確認すると、三井住友銀行で四・五％と少し落ちているが、構造自体に変化はない。一番金利が渋い（低い）のは、三菱ＵＦＪ銀行とみずほ銀行、他には金利を据え置いた地銀などである。それに続くのは一部の地銀で一％や二％、中には五％とトップクラスの金利を付ける地銀も存在する。金利をトップクラスに高く設定しているのは、三井住友銀行とＳＭＢＣ信託銀行、そしてネット銀行である。最も高い金利では、一年定期で五％以上を付ける銀行も存在する。

この章のメインはドルの正しい持ち方なので、他の外貨については簡単に触れておくが、アメリカと同じく他の国も急ピッチで利上げを行なってきた。しかし、ドル以外の外貨定期でまともな金利をくれるのは、ネット銀行とごく一部の地銀だけである。三井住友銀行も金利を上げたのはドルのみで、他のメガバンクや地銀もそのまま低い金利を据え置いている。

ドル預金をする上で、預金者にとって金利は高ければ高い方が良く、それは重要なチェックポイントである。しかし、それだけで銀行を決めてしまうのは問題である。他にもチェックする項目は複数あり、その中で特に押さえておきたいポイントとしては、「為替手数料」「使い勝手の良さ」「信頼性」の三つである。これに先ほどの「金利」を加えてチェックすれば、おのずと国内ドル口座用に使うべき銀行が絞《しぼ》られてくる。

円からドル預金にするための「為替手数料」についてまず述べておきたいことは、一律一ドルにつき一円ではないということだ。一九九八年の外為法改正により、個人が自由にドル預金をすることができるようになった。その頃はインターネットがまだ黎明《れいめい》期で、ネット取引という概念がなく、担当者を通じて電話や窓口で取引を行なった。その時の為替手数料が一ドル一円で、それはどの銀行も共通の数字であった。それがインターネットの台頭によりネット取引が行なわれるようになると、為替手数料の割引が始まったのである。

現在、三大メガバンクや他の地銀などの為替手数料は窓口では一ドル一円だが、ネット経由でやり取りすると半額の○・五円まで下がるのが一般的だ。そして、ここでもネット専業の銀行はそれよりもはるかに安い。ネット銀行で安い為替手数料を探すと、一ドル○・○六円と格安の銀行を見付けることもできる。片や一円、片や○・○六円なわけで、この差はかなり大きい。

たとえば、一万ドル(約一五五万円)分を円からドルに交換する際、一円の為替手数料であれば一万円かかる。それが○・○六であれば、六○○円ですむのだ。しかも、為替手数料は円からドルに交換する時、そしてドルから円に交換する時の両方で取られるから、なるべく安いところを見付けておきたい。

ここまでで、金利、そして為替手数料を見たが、その二つの有利さを競うと「ネット銀行」が圧勝である。ただ、次にチェックする使い勝手という点では、「メガバンク」「地銀」「ネット銀行」のいずれにも軍配が上がり得る。

メガバンクは東京に本店を構え、名古屋、大阪、その他日本全国の主要都市に店舗を構える日本を代表する銀行である。全国展開している分、主要都市以外の都道府県では店舗が圧倒的に少ない。そのメガバンクの店舗の少なさを補

## 「国内ドル口座」を選ぶ上で大切なポイント

**金利**

**為替手数料**

**使い勝手の良さ**

**信頼性**

う存在が、「地銀」である。地銀はその地域に根付いた存在で、至るところに店舗を構えている。それに対して、店舗をほとんど持たないのが「ネット銀行」だ。店舗を構えることについては、一長一短がある。店舗があれば、何か困ったことが起きた際には訪問して窓口で相談することができる。地銀のように、その店舗が近くにあれば相談も気軽だ。一方で、店舗を構えるにはコストがかかってくる。通常銀行の店舗は駅前などの一等地にあることが多いため、店舗を維持するコストはかなり高い。それに対してネット銀行では、対面での相談は難しいものの店舗に多くのコストがかかっておらず、その分で金利を高くしたり為替手数料を安くしたりできる。またネット銀行では、昼夜を問わずにやり取りできる点が便利である。「メガバンク」「地銀」「ネット銀行」で使う方の考えによって好みがわかれるだろう。

もう一つ、「信頼性」という点で店舗があるのかないのかによって印象が変わってくるかもしれないが、本質は別にある。見た目の印象ではなく、その銀行の財務が健全かどうかをきちんとチェックしておくことが必要である。特に、ドルのような外貨預金はペイオフ（預金保険制度）の対象外で、万が一、銀行が破綻してしまうと銀行の傷み具合によって預金がカットされてしまいかねない。幸い、銀行は株式を上場させているところが多いので、決算発表などで財務面をしっかりチェックして選択したい。また上場していない銀行でも、ホームページ上に決算報告書を掲載しているところがほとんどなので、その部分をしっかりチェックしてほしい。

駅前の一等地に店舗を構えていると、なんとなく信頼できそうに感じるかもしれないが、その分コストがかかっている。金利が高かったり為替手数料が安かったりする銀行は、顧客にとっては好ましいが銀行の収益から見ると不都合なわけで、どの銀行も財務が健全かどうかをきちんとチェックすることは重要なことである。特に金利は、財務面の危ない銀行が資金集めのために極端に金利を上げることもあるので、十分にチェックが必要である。

国内ドル口座の最後のチェックポイントとして、「日本の国家破産に対して有効かどうか」を見ておこう。今回は、「国家破産前」（現在のように何も起きていない状態から混乱の初期段階まで）と「国家破産中」（大混乱時）、そして「国家破産後」（大混乱がひと段落した後で、これから経済が回復に向かうところ）の三段階に場面わけしておこう。

まず、「国家破産前」の国内ドル口座は、現状のような具体的な兆候が出ていない時期であれば、まったく問題はない。ところが、ある程度極端に円安が進んできたり、それを食い止める目的などで金利が上昇してきたりすると、金融危機が生じることも考えられる。金融危機が生じて銀行が破綻するようなことになれば、先ほどの通りペイオフによる救済制度がないため、途端に問題が生じる。国家破産前は〝○〟→〝×〟という評価になろう。

次に、「国家破産時」は間違いなく〝×〟である。銀行の破産もそうだが、国家破産の大混乱時には預金封鎖ということも考えられる。ドル預金とは言え、国内の銀行であれば、当然その対象になる。

最後の「国家破産後」は状況に応じてとなるだろうから〝△〟の評価だ。預金封鎖は一度されるとしばらく長期で継続されたりする。そうなると国内ドル

## ドルの3つの持ち方（基礎編）と国家破産への有効性

| | 国家破産前 | 国家破産時 | 国家破産後 |
|---|---|---|---|
| ①国内口座ドル | ○→× | × | △（または×） |
| ②海外口座ドル | ○ | ○ | ○ |
| ③ドル現金 | × | ○ | ○ |

口座から資金移動が困難なわけで、限りなく〝×〟に近い〝△〟である。

## ②「海外ドル口座」は状況の変化に要注意

「国内ドル口座」の次は、「海外ドル口座」のお話である。

実は、二〇二三年一二月に突然、海外の銀行口座についての衝撃的な情報が届いた。ニュージーランドの銀行の「ASB」が、銀行規定の改定により日本語サービスを取りやめ、非居住者の顧客を原則インターネットバンキング（英語のみ）でのやり取りに変更したのである。つまり、これまで日本語でやり取りできていた口座が突然日本語不可となり、英語によるインターネットバンキングへ変更されたのである。これにより、英語でのやり取りが苦手な方やインターネットバンキングの操作に自信がない方は解約を迫られたのである。

海外の銀行口座で最も注意したいのは、この手の変更である。ただでさえ金融を取り巻く環境は目まぐるしく変化するのだが、昨今では新型コロナ騒動により銀行員が在宅ワークにシフトするなどで窓口の銀行員の人手不足が顕著に表れている。しかも、年々厳しくなる本人確認の徹底などで銀行の負担が増え、それであればと銀行はコストが高く手間がかかる非居住者向けの口座の条件を大きく変更しようとしているのである。

それに加えて、日本の信用力の低下が著しい。それは昨今の円安という形でも見て取れるわけだが、国際競争力ランキングにもはっきりと表れている。ＩＭＤ「世界競争力年鑑」が発表する「国際競争力ランキング」では、一九八九―九二年まで四年連続一位を快走していた日本は、二〇二三年で三五位と著しく凋落している。日本にいるとあまり感じないが、海外から見た日本は間違いなく地位が低くなっている。結果、日本人向けのサービスが縮小されるのは、ある意味で当然のことなのである。

最近の拙著では、海外口座についてニュージーランドとシンガポール、そしてハワイの口座をお伝えしてきたが、この中でニュージーランドはすでに新規口座開設ができなくなった。ＡＳＢがニュージーランドでの口座開設の最後の砦《とりで》であり、他の現地の銀行はそれより前に日本人の新規口座開設を受け付けなくなっていた。そのＡＳＢも、日本語サービスがなくなる数ヵ月前に日本人の新規口座開設を打ち切っており、そこからニュージーランドでの新規口座開設はできなくなったのである。それどころか、すでに預金している方も含め非居住者向けのサービスを完全に止めて、顧客に全解約を迫った現地の銀行もあるくらいだ。

数年前は簡単に開設できていた「海外ドル口座」は、このような背景から年々厳しくなり、今では限られた国と銀行でしか開設できなくなっている。しかも、最近では日本人担当者や日本語のサービスを受けようとすると〝預入金額に条件が付いてくる〟のが一般的である。

現状において、信頼できる国で日本語でのやり取りが可能な海外口座の開設が可能なのは、シンガポールとハワイくらいである。該当する銀行はシンガポールで一行、ハワイは二行ある。いずれも、日本語の担当者が付くのにはある程度預入しておく必要がある。シンガポールは二〇万ドル、ハワイは一行が二五万ドル、もう一行は原則五万ドルとのことで決して小さな金額ではないため、資産がそれなりになければ海外ドル口座は選択肢に入れることができない。

年々環境が厳しくなり、しかもかなりの金額を預けておく必要がある海外ドル口座だが、国家破産対策としては可能であればぜひ持っておきたい代物である。それは、海外口座に紐付《ひもづ》いた「デビットカード」（またはクレジットカード）を入手できるためだ。クレジットカードに比べてデビットカードはあまりなじみがないかもしれないが、原理は同じだ。ＶＩＳＡやMasterなどのマークが付いたカードで、クレジットカードは信用力で買い物をして後から代金を請求される。それに対してデビットカードは、代金支払い時に自分の口座に入れてある金額が即時引き出される。残高があるものから払われるので信用力が問われないため、誰でも簡単に作ることができる。

このデビットカードは、国家破産対策として垂涎《すいぜん》のアイテムなのでぜひ入手してほしい。このカードを持つことで、いざという時でも日本で、外国人のように買い物ができるのだ。日本の銀行に紐付いたクレジットカードやデビットカードは、国家破産の大混乱中に銀行に規制がかかれば決済ができなくなるため使うことができない。一方で、海外口座に紐付くカードは日本の銀行に対する規制とは関係がなく、海外旅行者のカード払いにまで規制をかけるとも考えられないため、自由に買い物が楽しめるのである。

普段は海外ドル口座できちんと利息を得ることができ、国家破産時にはカードで買い物が可能となる。つまり「海外ドル口座」は、国家破産前、国家破産中、国家破産後のいずれにも対応できる優れものなのである。

このような「海外ドル口座」を保有する上で、気を付けないといけない重要な注意点をお伝えしておこう。それは、〝何も使わずにほったらかしにするとすぐに凍結される〟ことである。銀行により異なるが、一年間何も使っていないと凍結されるケースが多い。そして凍結解除は銀行によって異なり、かなり手間がかかるところもあるので要注意である。この凍結を避けるためには、半年に一度の頻度でコンビニやドラッグストアなどでデビットカードによる少額の買い物を行なうなどで、口座を少しでも動かして凍結を防止してほしい。

## 「海外ドル口座」を作る上で大切なポイント

**① 日本語サービスを受けられる銀行は、シンガポール1行、ハワイ2行**

**② 口座開設後は情報収集を徹底**

**③ 口座凍結防止のために半年に1度はデビットカード（クレジットカード）で買い物を**

## ③「ドル現金」は状況に応じて準備を

「国内ドル口座」は、金融危機が生じて銀行が破綻してしまうと、ペイオフが適応されないかもしれない。そして、事態がさらにひどくなると、国によって銀行自体に規制がかけられ自由に引き出すことが困難になる。しかし、「海外ドル口座」を持とうにも最低預入額の条件が高くなっており、しかも口座開設時には現地訪問が必須でハードルはある程度高い。

では、「海外ドル口座」を用意できない場合、どうすればよいのかと言えば、手軽な方法で「ドル現金」という手段がある。

「ドル現金」は、一〇ドルや二〇ドル、一〇〇ドル札などのドル紙幣のことだ。海外旅行以外ではあまりなじみがないドル紙幣は、国家破産前はほとんど役に立たない。実は、現在の日本において代金の支払いをドルをはじめとした外国通貨で行なってはならないという法律はない。一九九八年の外為法改正により、それまで規制されてきた外貨建て取引がすべて自由化されているからだ。これにより個人や企業が海外と自由な資本取引、それに伴う決済が可能になった。日本の国の中でも商品を外国通貨による決済でやり取りすることができるようになったのだ。

しかし、一方で外国通貨については法律上の強制通用力は適応されず、受け取り側が拒否することもできる。現状では、米軍基地の近くのお店でドル紙幣が使われているようだが、それ以外のお店でドル紙幣が使われることはまずない。では、そのように今使おうとすると受取拒否されそうなドル紙幣を持つことに、果たして意味があるのだろうか。

実は、国家破産時の大パニック状態にまでなれば、ドル紙幣は驚くほどその有能さを発揮する。その頃は、当然大幅な円安が進んでいるわけで、円紙幣での買い物は物理的に大変になっている可能性がある。第一次世界大戦後のドイツのように、台車に札束を積んで日用品の買い物をする状態までになると、経済が回らないどころか日々の生活もままならない。そういう状態になれば、自然と自国の通貨での決済が放棄されて他の決済が求められるのである。

そこに登場するのが、基軸通貨のドルである。国家破産前は〝×〟でも、国家破産時には途端に〝○〟に変わる。そして、一度でも決済の仕組みに取り込まれればずっと使えるわけだから、国家破産後も〝○〟のままである。

そんなドル紙幣を持つ上で、アドバイスを三つ行なっておこう。

一つ目は、交換する場所である。あまり知られていないが、現在日本にあるほとんどの銀行ではドル現金を扱っていない。この数年の間に、ドル現金の扱いを止めてしまった銀行がほとんどである。だから、これからドル現金を調達しようとすると、〝為替交換を専門とする両替商〟で行なうのが一般的である。

両替商は、主要都市の街中や空港などにある。為替手数料の安い両替商を探すと、二〇二三年一二月下旬時点の最安値圏で購入と売却の差が二・五八円（片道一・二九円）のところがある。為替手数料は、需要と供給で決まったりすることもありまちまちであるが、この水準を目安にしながらなるべく安いところを見付けたい。なお、一部ではいまだにドル現金を扱っている銀行も存在す

## 「ドル現金」を持つ上でのアドバイス

① 交換は手数料の安い
両替商を活用

② 1ドル、5ドル、
10ドルなどの
小額紙幣も
十分混ぜておくこと

③ 国家破産前は
生活費の半年分を
目安にして、
状況に応じて
比率を増やすこと

る。そこでは銀行預入額の条件を満たすと、追加コストゼロでドル預金をそのままドル現金で引き出すことができる。

二つ目のアドバイスは、ドル現金は小額紙幣も十分に混ぜておくことである。ドル紙幣は「一ドル」「二ドル」「五ドル」「一〇ドル」「二〇ドル」「五〇ドル」「一〇〇ドル」の七種類、その中で二ドル札は現在ほとんど見られなくなっているので、実質六種類となる。この六つの金種を混ぜ合わせて保有するということだ。ドル現金を、最高額紙幣の一〇〇ドル札だけで用意しておくことはまったく望ましくない。日本円の信用失墜により買い物でドルが使えるようになるとはいえ、その流通量は決して多くない。すると、高額紙幣で買い物をした際、ほとんどのお店がおつりを用意できないのである。だから一ドル、五ドル、一〇ドル札などの小額紙幣も入れながらドル現金を保有しておくのがよい。

そして、三つ目のアドバイスは、国家破産前の何も起きていない時は、生活費の半年から一年分を目安にドル現金を保有し、いざ国家破産が始まってきた時には、国内ドル口座の資金を減らして、ドル現金の比率を多くすることである。「ドル預金」と「ドル現金」では、ドル現金の方が為替手数料は高い。そして、ドル現金は流動性の低い資産のため、初めから多額のドル現金を保有する必要はない。国家破産の状況に応じて、臨機応変に対応したい。

## ドル転は、何度かにわけて多少の円高は気にせずに

ここまでドルの持ち方について、①国内ドル口座　②海外ドル口座　③ドル現金の三つを解説してきた。いずれも基本的な手段のため、すでに取り組まれている方も多くいらっしゃるだろうが、これから取り組む方にご注意いただきたい点がある。

それは、〝一度にすべてのドルを交換しない〟ということである。今後のドル／円の関係は長期的には円安と考えられるが、短期で見ると一時的に円高になったりすることは往々にして起こり得る。その時も、長期の視野で見るとあまり気にする必要はない。ただ、最初から上下する相場であれば一度に交換す

るのではなく、何度かにわけて交換して価格を平均化させるのが有効な手段である。いわゆる「ドルコスト平均法」と呼ばれるものだ。それによってある程度、数ヵ月や半年といった期間で何度かにわけて円をドルへ変換し、①②③の持ち方を試してほしい。

そして①②③の持ち方を踏まえた上で、慣れてきたらさらに分散を心がけてほしい。それが次の章で紹介する〈応用編〉である。なお、〈基礎編〉で紹介した国内の銀行や海外の銀行、そして両替商について、投資助言を行なう「ロイヤル資産クラブ」また「自分年金クラブ」などの会員制サービスでは、具体的に名称を上げた上でさらに詳しく助言しているのでぜひ活用してほしい（二四二ページ参照）。

# 第五章　ドルの正しい持ち方〈応用編〉

## 実践的な国家破産対策を実行しよう！

前章では、国家破産対策としてのドルの正しい持ち方について、基礎的な事項を見てきた。本章では、いよいよその〈応用編〉について見て行こう。と言っても、むしろここからが国家破産対策の本番であり、いわば「実践編」となる。しっかりと読み込んでいただき、大いに参考にしていただきたい。

〈応用編〉で見て行くのは、一七三ページの図の四つと番外一つだ。これらの資産の特徴とメリット、そして保有や活用についての注意点についても、それぞれ少し詳しく解説して行きたい。

### 対策応用編①「海外ファンド」

応用編で最初に言及するのが「海外ファンド」だ。国家破産対策として非常

## ドルの持ち方〈応用編〉

## 1. 海外ファンド

## 2. 金《きん》（ゴールド）

## 3. ダイヤモンド

## 4. 米国株

## 番外. 外貨MMF

に適切な方法であり、さらに運用成績次第では資産を殖やすことができる期待もあるため、ぜひとも取り組んでいただくことをお勧めする。

海外ファンドの最大の強みは、「外貨建てかつ海外への直接投資」という点だ。海外ファンドは海外で運用するため、当然日本円以外の通貨で運用される。特にドルを運用通貨として採用する銘柄は非常に多く、まさに「正しいドルの持ち方」の代表的な方法と言える。また、資金を預かる海外の金融機関（ファンド運用会社）は日本政府の統制下にないため、たとえば国家破産のような事態に陥って徳政令のような厳しい統制が布《し》かれたとしても、その影響を直接受けることはない。大切な資産を防衛する上で、これほど頼りになる特徴はないだろう。

また海外ファンドは、投資の専門家たちがユニークな投資戦略を用いて資産を運用する。当然、様々なリスク管理を行ないながら収益獲得を追求するわけで、プロによる運用に任せられる点も重要だ。もし自分で資産を運用しようと考えれば、様々な投資対象や市場の研究を行ない、日々相場動向を見ながら売買を行なって行く必要があるわけだが、海外ファンドはそうした労力を必要とせず、プロの知見《ちけん》と能力を借りて資産運用ができる点が魅力だ。

後述するが、日本では見ることのないユニークな戦略を採用するファンドがいくつもあり、これからの激動の時代にも優秀な運用成績を期待できる点も非常に心強い。目指す運用の方向性に合わせて、特徴的なファンドを組み合わせて保有することで、資産防衛の幅は格段に広がりを見せるだろう。

そして、海外ファンドのもう一つの特長は、日本に居ながらにして投資を行なうことができるという点だ。前章でも見た通り、海外口座の場合は現地に渡航し銀行を訪問しなければ口座開設を行なうことはできない。また、銀行以外の多くの海外金融機関（証券会社など）も、現地渡航や現地での居住などのハードルがあることが多い。その点、海外ファンドは投資に際しての条件がそれほど厳しくはなく、日本国内から投資申し込みができ、銀行から海外送金することで投資が完了できるのだ。

海外ファンドは、他の資産に比べて比較的多額の預け入れに適している。たとえば金《きん》は、没収リスクを考慮するとあまり大量に保有するのは適切ではない。ダイヤモンドも、現物資産として優秀な特性を持つが、現物ならではの保管の問題や盗難・紛失など気になる点もある。その点、海外ファンドは適切な会社の銘柄を選びさえすればそうしたリスクはほとんど心配なく、まとまった資産を預け入れて運用を任せることができる。そのため、できれば運用可能な資産（どうしても国内での生活に必要な資産をのぞいたもの）の四〇—六〇％程度を海外ファンドに振り向けるといった形で利用するのがよいだろう。

もちろん、そうしたメリットの多い海外ファンドであっても、注意すべき点はいくつかある。まず、他の運用先でも同じ話だが「まともなファンド」を選ぶことは極めて重要である。ファンドの場合、国際的な金融ルールに適合した方法で設定され、きちんとした素性のプロが誠実に運用を行なっているかがポイントとなる。ここを間違えてしまうと、資産防衛としてはまったく意味をなさない。

「投資のプロが運用する海外ファンド」というと、その全容は想像できなくと

## 海外ファンドのメリット

**1. 外貨建て・海外直接投資で資産保全**

**2. 投資のプロによるユニークな戦略での運用**

**3. 日本に居ながらにして投資可能**

も何やら非常に魅力的な投資先のようにも思えるかもしれない。しかし、そうした話の中には当然あやしい素性のものも存在する。そのため、銘柄の「目利《めき》き」が重要なのだが、ただ残念なことにこの「目利き」が非常に難しい。ちょっと金融に詳しく外国語ができるくらいでは、良し悪しを見破ることは到底できないのだ。

ファンドに関する詳細な説明資料や目論見書をきちんと確認することは当然として、できればファンド会社の幹部やトップへの面談まで行なって人物を見極めるところまで行なうのが望ましい。おそらく、個人の投資家がそこまで行なうことは不可能とは言わないまでもかなり難しいだろう。よって、個人で海外ファンド投資を行なう際には、信頼できる海外ファンド情報を提供してくれるプロを探して、その情報を通じて投資するのが最も手堅い方法となる。

次に重要な点が、定期的な「メンテナンス」だ。ファンドに投資すると、時折英文のレターや電子メールが送られてくることがある。その多くは、運用報告書や決算報告といった単なる「レポート」であるが、中には投資家に何らかの対応を求めるものも送られてくる。たとえば、買い付け時に使用した身分証明用のパスポートが有効期限切れとなり、新しい身分証明書類の提出を求めるといったものであったり、海外での新しい金融ルールに適応するため投資家に書面へのサインと返送を求めるというものであったりで、内容はその都度異なる。こうしたものに適切に対応しておかないと、最悪の場合、解約して現金化したくても「提出書類不備」で手続きできないという事態にもなり得るのだ。よって、こうした要請に適切に対応することが大切なのだが、大体の場合レターは英文で、専門用語が混じっていることも多い。昨今では、スマホやＰＣで翻訳ができるため、対処は大分しやすくなっているが、そうした「メンテナンス」が重要である点はきちんと押さえておきたい。

また、意外に大事なのが「名義人死亡時のことを考えておく」ということだ。海外ファンドにおいても、名義人死亡時に相続人がファンドの財産を継承する手続きはあるが、日本の法律下にない金融機関とのやり取りとなるため、必要な手続きをあらかじめ行なっておかないと相続時のやり取りが非常に複雑化する可能性もある。したがって、事前にこの点をきちんと確認して対処しておくことは実はかなり重要だ。

そして、もう一つ注意しておきたいのが、海外ファンドと言えども「課税はされる」ということだ。海外ファンドでは、解約して利益が出ていれば日本での納税義務が発生する。きちんと確定申告を行なわないと、後で税務署から申告もれを指摘され、追徴課税される。これは、解約金を海外口座で受け取る場合でも同様である。海外口座でファンド解約金を受け取れば、その時は税務当局に知られることはないかもしれないが、巡り巡ってどこかのタイミングで指摘を受ける可能性は十分にあるためだ。

では、なぜ税務当局が海外資産の動きを把握し得るのか、というと、それはCRS（共通報告基準）という制度があるためだ。これは、OECD加盟国で取り交わされているルールで、それぞれの国の非居住者の金融情報をそれぞれ納税義務国の税務当局に報告するというものだ。日本の居住者・納税義務者であれば、海外口座はまさにこれに該当するわけだ（ただし、アメリカはCRS

## 海外ファンド　保有の注意点

**1. 銘柄の目利きは最重要**

**2. 定期的なメンテナンスも重要**

**3. 名義人死亡時などの手続き確認の必要性**

**4. 納税義務は適切に守る**

に参加していないため対象外）。税務当局は、こうした情報を基に国民が保有する海外資産もある程度捕捉できるようになっているのだ。よって、海外資産と言えども納税は適切に行なうのが常識である。

このＣＲＳの存在があるため、おそらく日本が国家破産し財産税が導入される場合には、課税対象となる資産に海外資産も組み入れられる可能性は高いだろう。もちろん、日本の金融機関のように封鎖や没収といった直接的な「差し押さえ」はされないためその点では安心なのだが、残念ながら財産税である程度の税金がかけられる可能性は含みおいた方がよい。

さて、このような注意点がある海外ファンドだが、それでも大切な資産を防衛し、さらに殖やして行く上で極めて有効な手段と言えるだろう。ここからは、私が長年海外ファンドを研究し、また第二海援隊の一〇〇％子会社である「日本インベストメント・リサーチ」において会員様向けに情報提供を行なっている有望な海外ファンドについて、具体的な銘柄を例にいくつか紹介して行く。海外にはいかに魅力的な投資先があるのか、一つの参考としていただきたい。

## ■有望銘柄①「ATファンド」

　まず見て行きたいのが「ATファンド」だ。実はこのファンドは、二〇一四年八月の運用開始以来、なんとおよそ九年もの間に一度も下落したことがなく、常にプラスの成績を出し続けているのだ。そのプラス幅こそ小幅だが、値動きの安定感は極めて高く、じっくり取り組むには非常に有望な銘柄と言える。なにしろ、ドル建てでコツコツ殖えて行くのだから、為替も加味すればこれまでにも非常に大きな収益を上げている計算になる。

　この〝長期の連戦連勝〟という運用成績には、実は理由がある。株式や債券、あるいは先物や商品など、市場で取引し収益獲得するのがファンドの一般的な運用だが、このファンドは市場での取引を行なわないのだ。

　では、どのようにしてこのパフォーマンスを実現しているのか。「ATファンド」は、主に個人や企業などへの融資を中心にして運用しているのだ。融資、すなわち「金貸《かね》し」であるから、期日までに金利が上乗せされて資金が戻ってくれば、必ず収益が上がるというわけだ。そして実際、ファンドの運用成績は

## 「ATファンド」運用成績

(%)

| | 1月 | 2月 | 3月 | 4月 | 5月 | 6月 | 7月 | 8月 | 9月 | 10月 | 11月 | 12月 | 年初来 |
|---|---|---|---|---|---|---|---|---|---|---|---|---|---|
| 2009 | | | | | | | | 0.34 | 0.27 | 0.35 | 0.48 | 0.50 | 1.96 |
| 2010 | 0.52 | 0.48 | 0.48 | 0.53 | 0.54 | 0.55 | 0.49 | 0.63 | 0.58 | 0.66 | 0.67 | 0.68 | 7.02 |
| 2011 | 0.67 | 0.50 | 0.55 | 0.51 | 0.79 | 0.72 | 0.80 | 0.72 | 0.63 | 0.68 | 0.65 | 0.69 | 8.20 |
| 2012 | 0.71 | 0.67 | 0.71 | 0.70 | 0.84 | 0.74 | 0.72 | 0.78 | 0.77 | 0.77 | 0.75 | 0.71 | 9.24 |
| 2013 | 0.66 | 0.63 | 0.55 | 0.79 | 0.71 | 0.66 | 0.69 | 0.67 | 0.64 | 0.73 | 0.66 | 0.71 | 8.41 |
| 2014 | 0.70 | 0.71 | 0.71 | 0.69 | 0.66 | 0.65 | 0.62 | 0.56 | 0.65 | 0.60 | 0.59 | 0.64 | 8.06 |
| 2015 | 0.55 | 0.64 | 0.53 | 0.68 | 0.55 | 0.61 | 0.51 | 0.48 | 0.45 | 0.41 | 0.44 | 0.38 | 6.39 |
| 2016 | 0.62 | 0.53 | 0.60 | 0.55 | 0.55 | 0.47 | 0.62 | 0.57 | 0.49 | 0.47 | 0.56 | 0.46 | 6.70 |
| 2017 | 0.67 | 0.53 | 0.54 | 0.64 | 0.66 | 0.71 | 0.68 | 0.65 | 0.66 | 0.60 | 0.73 | 0.64 | 7.99 |
| 2018 | 0.75 | 0.61 | 0.58 | 0.63 | 0.49 | 0.66 | 0.46 | 0.37 | 0.63 | 0.37 | 0.51 | 0.72 | 6.99 |
| 2019 | 0.48 | 0.54 | 0.56 | 0.49 | 0.47 | 0.21 | 0.60 | 0.35 | 0.62 | 0.53 | 0.52 | 0.58 | 6.10 |
| 2020 | 0.40 | 0.34 | 0.38 | 0.23 | 0.26 | 0.35 | 0.31 | 0.37 | 0.31 | 0.32 | 0.33 | 0.68 | 4.38 |
| 2021 | 0.44 | 0.50 | 0.30 | 0.70 | 0.72 | 0.55 | 0.49 | 0.20 | 0.33 | 0.54 | 0.24 | 0.37 | 5.53 |
| 2022 | 0.26 | 0.41 | 0.50 | 0.22 | 0.17 | 0.43 | 0.40 | 0.38 | 0.37 | 0.41 | 0.40 | 0.28 | 4.29 |
| 2023 | 0.41 | 0.41 | 0.50 | 0.43 | 0.41 | 0.45 | 0.47 | 0.54 | 0.47 | 0.50 | 0.48 | 0.37 | 5.58 |
| 2024 | 0.54 | 0.50 | | | | | | | | | | | 1.04 |

## 「ATファンド」運用チャート

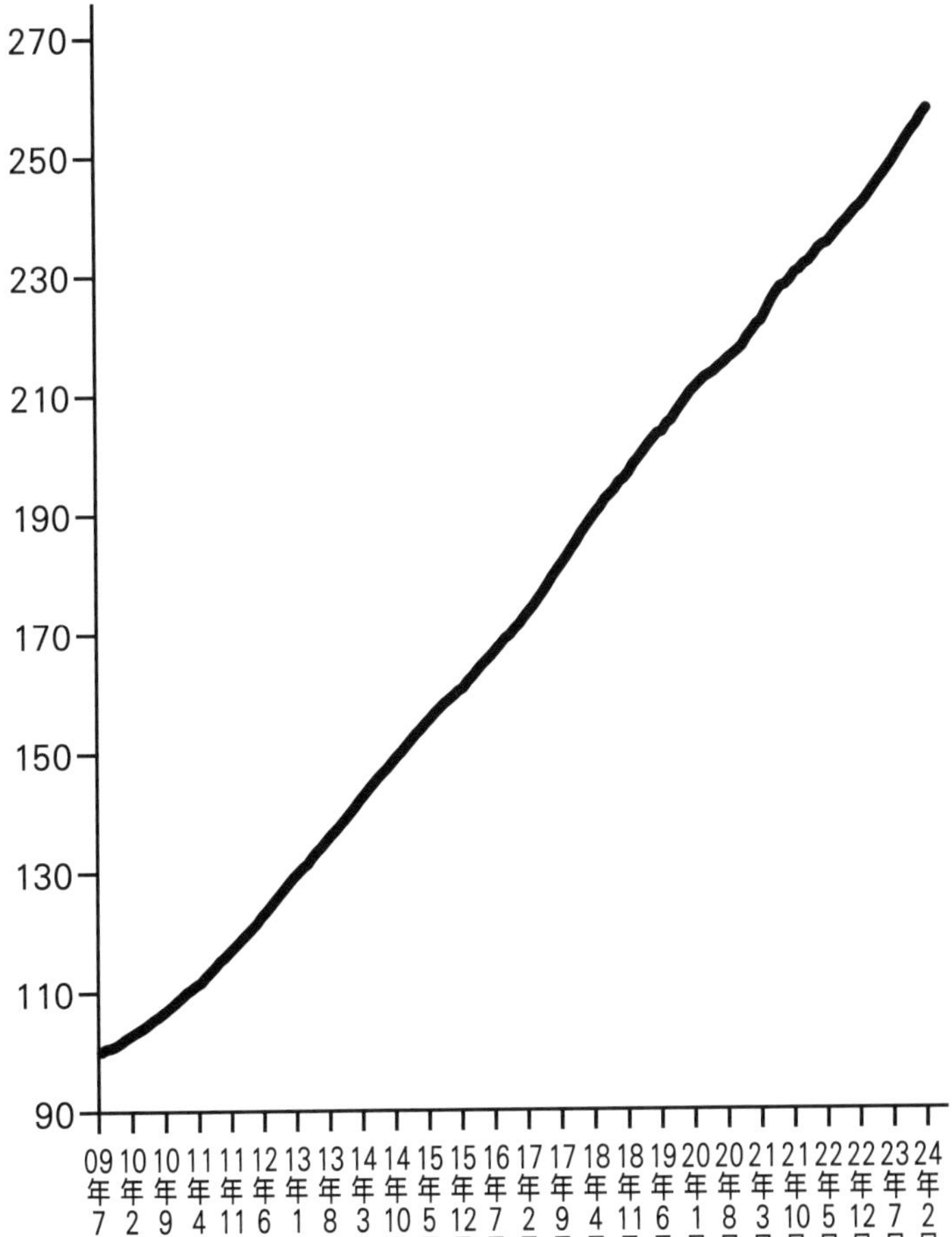

常にプラスとなっているということだ。

　市場での売買を行なわないという運用戦略は、他の多くの海外ファンドとは決定的な差別化要因と言えるだろう。たとえば、リーマン・ショックのような大パニックが起きて、株式市場をはじめあらゆる市場が大荒れになっても、その直接的な影響を受けることはない（景況悪化によって、融資環境が変化することを考慮すれば、間接的には影響を受ける）。市場取引を行なう他のファンドとは性質が異なるため、組み合わせて保有するのに好適であり、また株式投資を積極的に行なっている方にとっても、異なる性質の資産を保有できるという点で好適である。

　もちろん、良いこと尽《づ》くめというわけではない。融資したお金が回収できなければ損失になるし、貸し倒れが増えればファンドの成績がマイナスになることもあり得る。「ATファンド」では、そうした事態を防ぐため与信審査にビッグデータを活用するなどして、適切な与信管理に努めている。その結果、「ATファンド」はこれまでアメリカの金利を上回る実績で、極めて安定的に毎年五

—六%程度のリターンを上げ続けているのだ。

また「ATファンド」は、融資先を多様化してパフォーマンスを維持する努力も行なっている。元々はアフリカのマイクロファイナンス（個人向けの小口融資）で運用するファンドとしてスタートしたのだが、現在はマイクロファイナンスに留まらず、不動産関連の融資や農業従事者向けの融資、貿易におけるつなぎ融資など様々な融資も手がけている。対象地域もイギリス、ヨーロッパ、オーストラリア、アメリカ、中国など幅広い地域に拡大し、リスク分散を図りつつ、安定的なリターンの継続に努めているのだ。このような魅力ある「ATファンド」だが、投資条件も二万五〇〇〇ドル（約三八八万円）から投資可能であり、個人で取り組むにも非常に好適な条件となっている。

## ■有望銘柄②「Tファンド」

次に見て行くのは「Tファンド」だ。「Tファンド」は、株、債券、通貨、商品、金利などの様々な先物を投資対象として、利益を上げることを目指す「マネージド・フューチャーズ戦略」(ＭＦ戦略)で運用されるファンドだ。「先物市場」に特化しているという点が非常に特徴的で、「ＭＦ戦略」も先物市場を主戦場とするからこそ生きる戦略と言える。

その「ＭＦ戦略」とは、いかなるものなのか。かいつまんで説明しよう。まず、「マネージド」(管理された)「フューチャーズ」(先物)という名前の通り、先物市場を対象として「管理された」取引を行なう。先物市場は、買い建て(安く買って高く売ることを目指す)のみならず、売り建て(高く売り出して安く買い戻す)でも収益を狙える点で、収益機会が現物の取引より幅広い。そこにコンピュータを用いて取引のルールをプログラム化し、自動運用するのだ。コンピュータが取引ルールを「管理する」のである。

株などの取引を行なったことがある方はご存じかもしれないが、取引には人間の感情が大きく影響する。また先入観や経験則、直観などの「認知バイアス」も作用し、往々にして間違った判断を下しがちである。近年では行動経済学での研究によって、人間はそのままでは「投資に向かない」判断をする傾向があることがわかってきた。つまり、人間が相場で勝ち続けるのは至難の業なのだ。
しかし、コンピュータを用いれば感情は入り込まず、「認知バイアス」の影響も受けないため、常に同じ投資判断を下し続けることが可能だ。繰り返し同じ投資判断を下して行く投資戦略において、コンピュータは極めて優秀な働きをしてくれるというわけだ。

では、そのコンピュータが「ＭＦ戦略」においていかなる投資判断をするのかというと、実は原理はそれほど難しくない。相場のトレンドを計測し、相場が上昇している時は買い進め、下落している時は売り進めるのだ。予測をするのではなく、相場の方向性を計測し、後追いして行くのである。この手法は、「トレンドフォロー」（トレンドに追随する意味）と呼ばれる、ＭＦ戦略の代表的な運用手法だ。

こう聞くと、「なんだ、自分でもできそうだな」とお考えになるかもしれないがさにあらず。「相場を予測しない」「決まった通りのルールで売買する」というのが、実は大多数の人間にはなかなか難しいのだ。長年相場を見ていると、大体の人は「こうなったら、次はこう」などと相場を予測するようになる。そして多くの人は、その予測がある程度当たっているような感覚を持つのだが、しかし実際にその予測が当たる確率は良くて五分五分といったところで、大して当てにならないことがほとんどである。そうした不確かな予測に基づいて投資判断をコロコロ変えて行っても、得られる知見は何もない。その点、コンピュータは予測をせずに同じ条件下では同じ判断を淡々と下す。すると、プログラム化された投資判断のルールの勝率が良いのか悪いのかが導き出せる。その知見を利用して投資ルールをブラッシュアップして行くと、長期的に収益を拡大できるルールを見出して行けるというわけだ。目先の損得ではなく、長期的な勝率を上げて行こうという狙いが、MF戦略の眼目なのだ。

だが、この戦略を実行して行くとある時、「確実に損失を出す局面」が訪れる。トレンドフォローでは、相場の方向を予測しない。上昇の方向性（「上昇トレンド」という）がはっきりと現れてから買いポジションを取る。上昇トレンドに乗った後も予測はしない。ただ上昇トレンドの流れに乗り、買いポジションを取り続ける。その間、収益を獲得し続けるわけだが、いつかは相場が下落に転じる時がくる。その時、買いポジションを取っていたＭＦ戦略は損失を出すのだ。そして、一定の損失が出たら売りを出してポジションを解消する。損失が拡大しないように損切りするわけだ。そして、もしその後下落トレンドがはっきりと現れれば、今度は売りポジションを取って利益を狙うのだ。

このようにＭＦ戦略では、損失が出ることを始めから織り込んで戦略を組んでいる。そして収益獲得と損失を繰り返しながら、長期的に収益拡大を目指して行くのだ。また、トレンドフォローの性質上、相場の方向性が長期間に亘って続くとより大きな収益が期待できるという特徴もある。実際、リーマン・ショックを契機として世界的な株価下落トレンドに見舞われた二〇〇八―〇九年にかけて、多くのファンドが莫大な損失を被る中、ＭＦ戦略を採用したファンドの多くが数十％台の高い収益を獲得した。また二〇一四―一五年にかけてユーロや原油が大幅に下落した際にも、直近ではコロナショックとその後の株価急回復局面でも、大きな収益を獲得するに至っている。

さらに、実際にこの戦略をファンドに用いた時の利点もある。先物取引が主軸であるため、取引金額を全額投資する必要がないという点だ。たとえば一〇〇万円分の取引をするにしても、先物では五万円とか一〇万円といった少額でも売買ができる。実際のファンドでも、市場に投入する資金はファンド全体の二、三割程度が平均的だ。残りの七、八割は短期の債券などにプールしてある。一見すると無駄なようにも見えるが、市場がパニックになるなどの危機の際には、これが余力として非常に重要な役割を果たす。

どういうことか。パニックや恐慌の際には資金繰りに行き詰まる企業などが続出し、資金調達のために様々なところで資産の売却や解約が発生する。当然、ファンドにも解約が殺到するわけだが、一般的なファンドの場合、預かり資金の大半を投資に回すため、手元に現金は少なく、殺到する解約に即座に応じることができなくなる。ファンドは、市場が暴落する中でポジション解消を迫られることとなり、運用成績が急激に悪化することとなる。そうなればさらに解約が殺到し、ついにはファンドが清算を余儀なくされることとなるのだ。

実際、リーマン・ショック時などには多くのファンドが清算に追い込まれた。しかし、ＭＦ戦略のファンドは潤沢な余剰資金を抱えているため、そうした事態に追い込まれる危険が少ない。国家破産による危機を迎える私たちにとって、これほど心強い戦略はないだろう。

さて、このように非常に優れた考え方に基づく投資戦略ではあるのだが、ＭＦ戦略にも弱点はある。「相場のトレンド反転が連続する局面」や「上昇・下落のトレンドが出ないもみ合い相場」である。こうした局面では、いかに損切りをうまくやっていても損失が累積してしまうのだ。このような局面が長く続き、ファンドが立ち行かなくなるまでに至ることは考えづらいが、ある程度までは損失が出ることは覚悟しておかなければいけないだろう。

前述の「ＡＴファンド」に比べると、ファンドの値動きという意味では上がり下がりがはっきりしており、言い方を変えれば不安定とも言えるだろう。ただ、こうした「不安定性」こそが将来の収益期待の大きさにつながっており、取るべきリスクとも言えるだろう。

では、実際にMF戦略を採用する「Tファンド」を具体的に見て行こう。「Tファンド」は、MF戦略を採用するファンドの中でも非常に有名なファンドの一つで、一九九四年から運用をスタートし、これまでの年率リターンは約九％となっている。これは、八年後に元本が約二倍になる計算だ。すでに述べたようなトレンドフォロー、損切りといった技術を駆使し、過去数十年の相場のデータを用いて確率計算によって安全性を高めながら巧みに運用されている。

MF戦略が持つ、「戦争や経済危機といった世界の大変動に強い」という性質は、成績にもはっきりと見て取れる。二〇〇八年のリーマン・ショックの際も大きく収益を上げており、特に二〇〇八年九月には月間で一一・三％のリターンを叩き出した。さらに、株式市場が暴落した一〇月にも一一・六％のリターンを上げている。暴落を逆手に取って大儲けしているのだ。この年の年間成績は、なんと五〇・九％に達する。

ただ、リーマン・ショック後の「Tファンド」は、長らく一進一退の展開が続いた。これには様々な要因が考えられるが、一つは市場環境の変化が挙げられる。「一〇〇年に一度」とも言われたリーマン・ショックによって、政府や中央銀行が一気に金融緩和を進め、危機への対応を図った。これは一九二九年の世界恐慌時の反省からきているもので、極めて強力な金融緩和によって主要各国の政策金利は軒並みゼロ近辺まで低下し、その結果として株式などのリスク資産はあっと言う間に息を吹き返した。しかし、実体経済は地力《じりき》に乏しく、これだけ極端な利下げを行なっても物価は上がらず、経済成長率も回復はしなかった。そして、低金利、低インフレという経済の「低体温症状」の環境がしばらく続くことになり、株式相場と債券相場ばかりが活況を呈した。コンピュータによる自動運用を行なうＭＦ戦略のファンドは、このように超金融緩和により、かく乱された市場環境に苦戦を強いられたのである。

ところが、新型コロナの世界的流行によって市場環境が「低体温」から大きく変化した。ロックダウンや貿易の停滞によって生産・物流体制が世界的に変化したことで、経済再開後に起こった需要増加に対応できず、インフレが進み始めたのだ。日本ではあまり見られないが、世界各国で新型コロナで引きこ

# 「Tファンド」運用成績（2008年以降）

（%）

| | 1月 | 2月 | 3月 | 4月 | 5月 | 6月 | 7月 | 8月 | 9月 | 10月 | 11月 | 12月 | 年初来 |
|---|---|---|---|---|---|---|---|---|---|---|---|---|---|
| 2008 | −1.3 | 9.3 | 2.3 | 0.4 | 5.1 | 5.5 | −5.0 | −3.6 | 11.3 | 11.6 | 4.3 | 3.6 | 50.9 |
| 2009 | −0.5 | 1.4 | −7.5 | 0.6 | 3.0 | −2.8 | −5.0 | 0.4 | −2.5 | −8.5 | 5.5 | −12.7 | −26.4 |
| 2010 | −11.0 | 3.2 | 22.8 | 4.6 | −11.9 | −0.4 | −1.8 | 7.5 | 9.7 | 8.3 | −1.4 | 6.8 | 36.7 |
| 2011 | −1.8 | 3.6 | −4.4 | 6.3 | −9.5 | −7.5 | 6.0 | −8.8 | −5.5 | −6.0 | 1.2 | 4.7 | −21.2 |
| 2012 | 3.2 | 6.7 | −2.4 | 1.5 | 17.7 | −11.5 | 9.8 | −2.9 | −7.6 | −9.4 | −1.1 | 1.9 | 2.4 |
| 2013 | 0.8 | −3.0 | 6.8 | 7.7 | −11.8 | −1.2 | 0.9 | −6.7 | −4.0 | 4.2 | 2.1 | 4.8 | −1.3 |
| 2014 | −8.4 | 2.9 | 1.2 | 3.6 | 8.8 | 2.6 | −3.8 | 8.9 | 5.6 | −5.6 | 13.8 | 1.4 | 33.0 |
| 2015 | 6.6 | −1.3 | 3.8 | −8.0 | −7.6 | −14.8 | 20.3 | −15.1 | 13.9 | −6.7 | 18.5 | −13.0 | −11.6 |
| 2016 | 12.2 | 11.2 | −3.7 | −8.8 | −8.3 | 18.4 | 4.7 | −3.2 | −2.1 | −8.8 | 2.8 | 6.4 | 17.6 |
| 2017 | −5.7 | 9.0 | −6.6 | −5.7 | −2.2 | −10.1 | 2.1 | 13.2 | −17.0 | 23.3 | −0.6 | 4.4 | −2.4 |
| 2018 | 8.2 | −18.7 | −2.3 | 2.3 | −1.5 | 5.5 | 1.8 | 8.9 | −2.4 | −17.3 | −3.8 | −2.5 | −23.4 |
| 2019 | −14.3 | 5.0 | 16.0 | 10.7 | −12.1 | 3.2 | 17.7 | 4.0 | −11.8 | −13.8 | 1.1 | −1.7 | −3.1 |
| 2020 | 0.1 | −2.8 | −3.3 | 3.5 | 0.6 | −5.0 | 14.0 | −4.0 | −9.0 | 3.2 | −4.5 | 19.8 | 9.6 |
| 2021 | 3.5 | 9.6 | 4.8 | 3.7 | 6.0 | −2.8 | 6.0 | 3.3 | 4.0 | 3.9 | −3.9 | −3.4 | 39.9 |
| 2022 | 4.9 | 9.8 | 22.8 | 13.5 | −4.1 | −4.7 | −12.6 | 4.9 | 10.8 | 2.3 | −15.1 | −4.9 | 23.1 |
| 2023 | 0.7 | 2.3 | −20.5 | 20.7 | 5.6 | 4.5 | −6.0 | 1.6 | 2.0 | −2.1 | −9.2 | −1.8 | −7.1 |
| 2024 | 8.5 | 19.1 | 10.6 | 20.7 | | | | | | | | | 42.9 |

## 「Tファンド」運用チャート

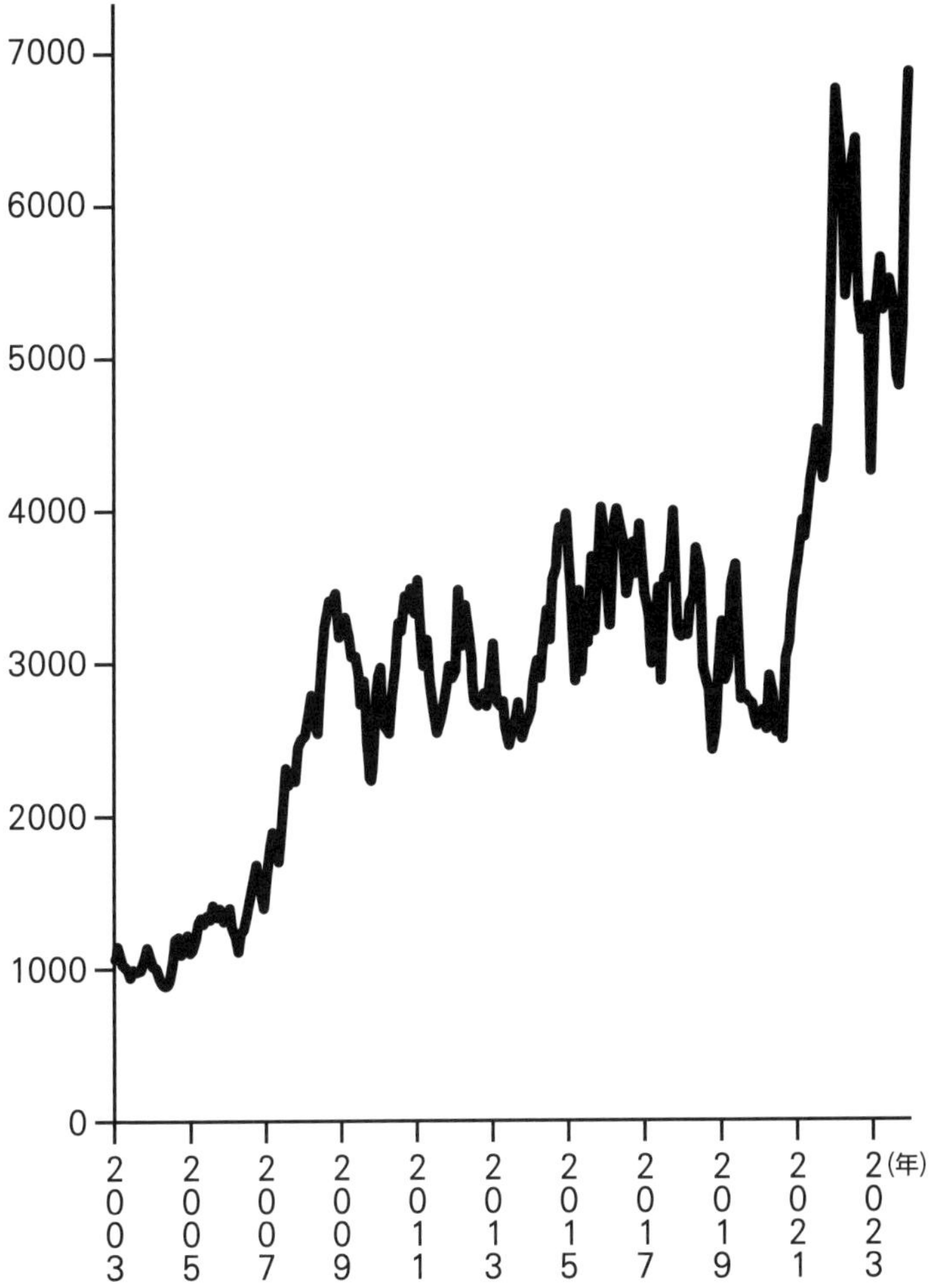

もった人々がなかなか労働市場に戻ってこないため、人件費もにわかに急騰しインフレを加速させた。各国政府は急速に利上げに舵《かじ》を切り、市場環境は高金利、高インフレの「高体温状態」に変化したのだ。

この変化に呼応するように、「Tファンド」は運用成績が大幅に改善して行った。新型コロナ流行後の「Tファンド」は、素晴らしい成績を残している。年間成績は、新型コロナの流行が始まった二〇二〇年が九・六%、二〇二一年が三九・九%、二〇二二年が二三・一%となっており、この三年間で九〇%近く上昇している。月間成績を見ると、この三年間で最も高いのは二〇二二年三月だ。わずか一ヵ月で二二・八%ものリターンを上げている。この月は、前月下旬にロシアがウクライナへの侵攻を開始した影響で市場が大荒れになったが、「Tファンド」は穀物や原油、金属などの買いポジションで大きな利益を上げた。

実際のところ、「Tファンド」だけが好調なのではなくMF戦略ファンドが全般に好成績となっている。欧州金融大手のクレディスイス社が集計するヘッジファンドの運用戦略別の成績を見ると、MF戦略は二〇二一年、二〇二二年と二年連続で一位になっている。低金利、低インフレがもたらす値動きの小さい市場環境から高金利、高インフレがもたらす値動きの大きい市場環境への変化は、ＭＦ戦略にとって強い追い風になっている可能性が高いのだ。ただ、その中でも「Ｔファンド」は突出して高収益を叩き出しているという点が面白い。

なお「Ｔファンド」は、投資できる通貨が豊富な点も魅力だ。一般的なドル建ての他にユーロ建て、スイスフラン建て、イギリスポンド建て、豪ドル建て、円建てがあり、いずれも一〇万ドル相当額（約一五五〇万円）から投資可能である。「一〇万ドル（約一五五〇万円）投資するのは難しい」という人には、「Ｔ－ミニ」という価格変動幅と最小投資単位を小さくした「小型版Ｔファンド」という位置付けのファンドの選択肢がある。「Ｔ－ミニ」は一万ドル相当額（約一五五万円）から投資可能で、「Ｔファンド」とほぼ同じ（海外の法規制の関係で完全に同じではない）ながら、リスク（値動きの大きさ）とリターンはいずれも「Ｔファンド」の半分程度となっている。多少リターンが落ちても安定的な運用を望む人には、むしろ「Ｔ－ミニ」の方が向いているだろう。

## 海外ファンドに投資するには？

この他にも、世界にはユニークで魅力的な運用戦略を用いたファンドがいくつも存在する。紙幅の都合上ここでは触れないが、こうしたファンドをうまく活用することは、資産防衛を行なうに当たって非常に大きな力を発揮してくれるだろう。

ここまで、海外ファンドがいかに優れた「ドルの持ち方」であるかを見てきたが、具体的にこれを実践するにはどうしたらよいのか。現在では、インターネットの普及によって海外ファンドに関する情報も、日本に居ながらにしてかなり入手しやすい環境になってきている。

ただ、その情報を鵜呑《うの》みにして投資するのは極めて危険だ。中には優良な投資を装った詐欺の情報である可能性もあるためで、やはりどうしても専門家による目利きが必要だ。また、仮に素性の確かなファンドであったとしても、申し込み手続きには様々な知識が必要となる。国内の金融機関とは異なり、海外の金融機関では日本の公的機関などから英文の書類を取り寄せたり作成を依頼する必要がある場合もあるため、相応の知識がなければ手続きをこなすことも容易ではないだろう。さらに、その後も様々な英文レターの対応を行なうなど、手続きは一度で終わりではない。解約後に利益が生じていれば海外、国内の課税関係を明らかにして適切に納税をすませる必要もある。

こうしたことを総合すると、個人投資家が独学で挑戦するにはかなりハードルが高いだろう。そこでぜひ活用したいのが、海外ファンドを専門とする投資アドバイザーだ。日本では、金融庁の認可・登録の下に投資助言を行なう「投資助言業者」が約一〇〇〇社ある。このうち、ここで紹介したような海外ファンドの投資助言を行なう会社は数社ほどである。そして実は、第二海援隊の一〇〇％子会社である「日本インベストメント・リサーチ」もその一社である。

日本インベストメント・リサーチでは、「ロイヤル資産クラブ」「自分年金クラブ」という投資助言の会員制クラブを運営しているが、いずれも二〇年以上の実績を誇る。助言内容は、国家破産対策を主軸としており、その中核に位置付けられるのが海外ファンドだ。個人投資家にとって投資に値するファンドの情報を複数提供しており、また実際の投資に当たっての注意点なども広く助言を行なっている。

前述した「ATファンド」や「Tファンド」「T－ミニ」をはじめ、様々な特色を持つ有望なファンドの情報を提供しており、多くの会員様にご利用いただいている。もちろん、これだけに留まらず、前章で取り上げた海外口座の活用法や金《きん》、ダイヤモンド、外貨現金など、本書でも取り上げている国家破産対策全般の情報提供や助言も行なっており、これからの激動の時代に資産防衛を実践したい方を専門知識をもってサポートしている。

おそらく、これから国家破産対策を本格的に取り組みたい方は、急いで準備を進める必要があるだろう。また、すでに対策に取り組んでいるものの、さらに強化したいという方もいらっしゃることと思うが、いずれの場合でもこの二つの会員制クラブは極めて有用な情報・助言を提供できると自負している。

もちろん、他のアドバイザーをご利用されるのも有用かもしれないが、いずれにしても海外を活用する場合にはこうした専門家の知見を活用する方が安全に、確実に、迅速に策を実践できる。ぜひとも活用を検討していただきたい。巻末にクラブに関する案内をまとめているので、関心がある方はぜひご参考いただき、ご相談いただければ幸いだ。

## 対策応用編②「金《きん》（ゴールド）」

次に見て行くのは金《きん》（ゴールド）だ。「有事の金《きん》」の言葉通り、国家破産時にはむしろその資産価値は大いに高まる。また、通貨と違って無価値にならない金《きん》は、「究極の資産」と言っても過言ではない。

ただ、本書のテーマである「ドルの正しい持ち方」には、適合しないのではないかとお考えの読者の方もいるだろう。さにあらず。実は金《きん》は、基本的にドル建て（厳密に言えば「基軸通貨建て」となる）商品なのだ。

金《きん》価格は、ロンドン、ニューヨーク、香港、チューリッヒの四大市場が大きな影響力を持って決められる。特に、歴史の長いロンドンと、基軸通貨国のアメリカにあるニューヨークの市場は影響力が強い。いずれもドル建てで取引されており、ゆえに金《きん》はドル建ての商品なのだ。

日本の金《きん》価格は、ドル建ての金《きん》価格をベースに、日本での金《きん》の需要と外国為替の関係で決定される。仮に円安が大幅に進行した場合には、必然的に金《きん》価格も急騰することになるのだ。

よって、金《きん》を保有するということは、ドルを保有することと似たような効果を期待できるというわけだ。もちろん、金《きん》はそれ自体が資産価値を有する現物資産であるため、ドルとも異なる性質も併せ持っている。たとえば、ドルの現物（現金）では、火災による消失や新札への切り替えで古すぎる紙幣が使えなくなるなどのリスクがあるが、金《きん》現物はそうしたリスクは想定する必要がない。このように、それぞれの性質の異なる資産をいずれも保有することは、資産防衛策として非常に重要なポイントとなる。

## ■金《きん》（ゴールド）の持ち方

金《きん》を保有する方法は、「金地金《きん》」や「金貨」の他にも様々存在する。証券取引所に上場されている「金《きん》のETF（上場投資信託）」や「金先物《きん》」、証券会社などで取り扱いがある「金《きん》の投資信託」、あるいは金《きん》業者が行なっている「純金積み立て」や「金《きん》の預かりサービス」などは、いずれも〝実物ではない保有方法〟だ。現物の場合、たとえば自宅に保管すれば盗難などのリスクがあるのに対し「非現物の金《きん》」の類はそうしたリスクがなく、管理も比較的容易であるため、このような「ペーパーゴールド」を選好して保有する人も多い。

しかし、国家破産対策として考えた場合、これは悪手である。なぜなら金《きん》は国家破産時には、没収リスクが飛躍的に高まるためだ。

国家破産が起きると、その国の信認は著しく毀損《きそん》し、同時に通貨価値も大幅に低下する。最悪の場合は紙キレ同然にもなるわけだが、そうなった場合に政府が財政再建策の一つとして考えるのが、国民からの「金《きん》の徴収《ちょうしゅう》」なのだ。

先ほど説明した通り、金《きん》はそれ自体が価値を持つ資産だ。これは、国による信用の裏付けを要する通貨との決定的な違いであり、ゆえに政府ですら国家破産時には、「本当の資産価値を持つ金《きん》」を求めるようになるのだ。

実際、アメリカでは一九三三年に国民の金《きん》保有禁止を定めた大統領令が発令され、金《きん》保有者は市井のレートより著しく不利なレートでの供出を余儀なくされた。一九九八年に通貨危機に見舞われた韓国では、国を救うために国民が金《きん》を国に差し出そうという「金《きん》供出運動」が巻き起こった。

このように、国家破産時には金《きん》の徴収という大きなリスクが高まるわけだが、ETFや投資信託、純金積み立てや預かりサービスなどはすぐにでも差し押さえられる危険がある。金《きん》の取り扱い業者は国への登録が必要で、また取引記録などの管理も厳格な定めがある。当局に歯向かえばすぐにでも「免許はく奪《だつ》」「お取り潰し」の憂き目に遭うわけだから、政府が「金《きん》没収」の徳政令を布けば即座にこれに従わざるを得ないのだ。日本の銀行に預金していると預金封鎖に遭うように、金《きん》保有を業者任せにするのは極めて危険なことなのだ。

したがって、国家破産対策としての金《きん》は「現物一択」となる。

では次に、どのような形で持つのがよいのか。現物と言っても、地金や金貨の他、ネックレスやピアスなどの宝飾品、置物、オブジェ、おりんなどの仏具など、実に多様なものが存在するためだ。ただ、資産防衛を目的とするならば、「金地金《きんじがね》」か「金貨」が適切だろう。取り扱いする店や業者も多く、市場価格に対する上乗せも最小限であるからだ。オブジェや仏具で保有する手もなくはないが、加工賃が大きく上乗せされる上、現金化に際してもドサクサの時期には困難が予想されるため、あまりお勧めはしない。

将来現金化することを見越すのであれば、金貨や少量の地金（五〇グラム、一〇〇グラムなど）を多めに持った方がよい。地金と言えば一キログラムや五〇〇グラムといったものもあるが、これを保有するのは良し悪しである。少量の地金や金貨、オブジェなどに比べて上乗せ料金が少なく、最も有利に売買できる点がメリットだが、現金化することを考えると非常に扱いづらいのだ。

たとえば一キログラムの金地金《きんじがね》は、現在（二〇二四年四月）ですら一つ一二〇〇万円程度はする。国家破産時に換金するとなれば、さらに大きな金額となる。保有に当たっては、そのことをしっかり含みおくべきだろう。

そして、肝心なのは〝金《きん》の保有割合〟だ。総資産額にもよるが、おおむね〝全財産の一〇%程度〟までを目安にするのが賢明だ。先ほど説明した通り、国家破産時には金《きん》は没収のリスクが高まる。それは現物においても基本は同じだ。

実は、金《きん》の取引履歴は金《きん》業者によって比較的厳格に保管されている。三〇年以上も前に買ったものであればいざ知らず、比較的最近（たとえば一五年ほど前）に買ったものなら、業者の履歴を基にして保有を捕捉される可能性は高い。当局が自宅に乗り込んできて「金《きん》を出せ！」という話も、あながちあり得ないことではないのだ。

もし仮に、金《きん》没収の徳政令が決まった場合、金《きん》現物の保有量が多いと没収リスクは大いに高まる。なぜなら、いっぺんに大量の金《きん》を没収できるからだ。そして「見せしめ」的に没収を世間にアピールすることができ、広く国民から「自主的な供出」を促すことができる。少量の場合、当局の労力に見合わないため自宅に差し押さえにくるリスクは格段に下がる。また万が一、当局が自宅に

## 国家破産対策で有効な金《きん》の持ち方

**1.金《きん》の保有は現物に限る**

**2.100gなど
小さい地金やコインを
多めに持つ**

**3.没収リスクに備え、
全財産の10%程度
までを目安に**

**4.保管場所には特に注意**

乗り込んできたとしても手元にないこと（人に譲った、なくしたなど）は不思議ではない。

金《きん》現物を保有するとなると、保管場所にも留意したい。すぐに思い付く手として銀行の貸金庫に入れるという方法があるが、これはやめた方がよい。なぜなら国家破産の有事には、銀行の貸金庫すら安全ではない可能性があるためだ。

一九九八年に国家破産したロシアでは、実際に銀行の貸金庫が開けられ、貴重な財産が没収されたという例がある。国家とは、有事にはどんな手でも使ってくるものなのだ。よって、ある程度まとまった量の金《きん》を保有する場合であっても、基本的に自宅に金庫を設置することが重要だ。ただ有事には治安も悪化し、自宅での保管も不安になるだろう。

自宅に金庫を設置して対策するのが常道だが、ここにも注意が必要だ。金庫は、中途半端なものを設置してはかえって逆効果になる。泥棒に、「ここに財産が入っていますよ」と教えているようなものだからだ。手提げ金庫は論外として、床置きのものでも重量が五〇〇キログラムに満たない金庫では不十分だ。

それくらいの金庫なら、二人がかりで台車を使い持ち去られてしまった事例がいくつもある。望ましいのは重量一トンクラスか、あるいは頑丈《がんじょう》なボルトで床に固定できるタイプの金庫である。

また、金庫にもいくつかの性能がある。望ましいのは、火災に強い「耐火性能」を持つ金庫だ。さらに望ましいのは「防盗金庫」である。特殊な工具を使ってもこじ開けるのにかなりの時間がかかる、「防盗性能」の高い金庫なら極めて安心だ。一トンクラスで防盗性能の高い金庫を、床にボルトで固定すればまず盗難に遭うということはないだろう。ただ、このクラスの金庫を設置するとなると、十分な検討が必要だ。一般の家屋では床がゆがんだり、下手をすると床が抜けてしまうため、設置場所はかなり限られる可能性があるのだ。

金庫の設置場所については、防盗金庫か否かに関わらずよく知恵を絞るべきだ。空き巣であればまだしも強盗に入られた場合、金庫が目立つところにあれば、自身や家族に凶器を向けられ無理やり金庫を開けさせられる危険もある。

もし、どうしても目に付かない適切な設置場所がなければ、金庫には多少の金品をしまっておき、それとは別に財産の隠し場所を作っておくなど、保管先の分散を図るのが賢明だ。万全の方策としては、高性能な金庫を目に付かないところに設置し、さらに保管先を金庫を含め最低三つに分散するというやり方だ。

## 対策応用編③「ダイヤモンド」

金《きん》と並んで国家破産時に有用な現物資産が、「ダイヤモンド」だ。一般的には嗜好品《しこう》、宝飾品としての認識が主流であり、資産としての認知はまだまだこれからという印象のダイヤモンドだが、実は海外（特に欧州）の富裕層などには有事に有用な現物資産として高い認知を誇っている。

欧州などでは、金《きん》に次ぐ現物資産としてダイヤモンドが非常に重宝されてきた歴史がある。中東やヨーロッパでは戦争や権力者による迫害などから逃れる際、金《きん》やダイヤを持って行くというのは実はよくある話だったのだ。

そして実際、二〇二二年二月に勃発したロシアによるウクライナ侵攻では、避難を余儀なくされた人々の中に、資産を持ち運べるようダイヤモンドを求めた人も少なくなかった。かねてからのインフレに加え、経済制裁によるロシア産ダイヤモンドの市場排除、そして避難する資産家たちのダイヤモンド需要によって、この時期ダイヤモンドの価格は急騰した。

また、ダイヤモンドを活用して資産防衛を行なった日本人もいる。二〇世紀前半、欧州で活躍した画家の藤田嗣治《つぐはる》だ。藤田は欧州で活動する中で、ダイヤモンドが有用な資産であることを知ったのだろう。自身が太平洋戦争中に戦争画を書いたことで戦後に戦犯扱いされ日本を脱出する際には、絵の具のチューブにダイヤモンドを仕込んで持ち出し、海外での余生の資金に充てたという。

私は、おそらく日本においても、国家破産時代に突入すれば資産家層を中心としてダイヤモンドに大いに注目することになるだろうと見ている。ダイヤモンドは希少性が高く高額で、金《きん》に比べて小さく軽く持ち運びやすいという特徴がある。金《きん》とは違って有事の際にはポケットに入れて移動ができ、そのまま海外に渡航しても金属探知機にもかからないという大きなメリットがある。そして最大のメリットは、「国家破産の際に没収される可能性が低い」という点だ。これは、まさしく国家破産対策向きの非常に重要な特徴と言えるだろう。資産防衛のために、ダイヤモンドの保有はぜひ行なっておきたい。

## ■ダイヤモンドの持ち方

ただ、ダイヤモンドの保有はいくつか重要な注意点がある。その最大のものは、「適切な業者を利用する」という点だ。ここを外しては資産防衛としては意味がない。ダイヤモンドは、普通の宝飾品店でも買うことができるが、そういうものは売却・現金化が極めて難しい。仮に買い取りに応じてくれるとしても、買値の一割程度にでもなれば御《おん》の字で、普通は買い取りにすら応じないというのが実情だ。

では、どうするのか。それは、「本物のダイヤモンド取引業者を通じて購入・保有する」のである。ダイヤモンドにはプロ専用のオークション市場があり、そこではプロ向けの適正価格で売買が行なわれているのだ。このオークションにアクセスできる業者は限られており、普通の宝飾品店や質屋などはアクセスができない。そのためこうした店は、原則買い取りに応じないのである。

オークションにアクセスできる業者であっても売買価格は異なるわけだが、良心的な業者では買値のおおよそ六―七割程度で買い取ってくれる。大体三〇―四〇％程度のスプレッド（売買価格差）であり、金《きん》のスプレッド（数％程度）と比べれば見劣りするものの、これは資産防衛のコストと割り切った方がよい。もちろん今後インフレによって価格が大きく上昇すれば、売買価格差を補ってさらに利益を出す可能性も十分にある。

「適切な業者を利用する」ことができれば、七割は成功したようなものだが、他にもいくつか注意点がある。ダイヤモンドには大きさや透明度、色、カットなど価格決定の要素がいくつかあるが、自分好みのものを選ぶのではなくオークションでの「売買のしやすさ」を優先することが重要だ。

たとえば、数カラットもする特殊なダイヤモンドは、その分価値も高く値上がり期待もあるが、オークションで値が付かなければなかなか現金化できないという可能性もある。それよりも、一カラット程度で一定水準以上の基準を満たすものの方が、需要が多く現金化が容易である。資産防衛の観点では、そちらの方がはるかに重要だ。

また、「ルース」と言われる石単体のものを選ぶというのもポイントだ。指輪やネックレスなどの宝飾品に加工すれば日常的に身に着けて楽しむこともできるが、その分工賃もかかり、また石にキズが付けば売却時に価格が下がる危険もある。どうしても身に着けたいという方は、ルースを買って安く加工してもらうというのが賢明だろう。

保管場所も気を付けたい。金《きん》と同様に、貸金庫や業者に預けるのではなく、原則はご自身の手元で保管することが望ましい。また、実はダイヤモンドは熱に弱い。数百度の熱に長時間さらされると、表面から気化してやがて消失してしまうのだ。たとえば、自宅の金庫にダイヤモンドを保管して火事に遭うと、金庫の中で消失してしまうのだ。さらに、極度の低温も避けた方が良い。冷凍庫にしまっておいたダイヤモンドが、変色してしまったという話があるのだ

## 国家破産対策で有効なダイヤモンドの持ち方

1.オークション市場にアクセスできるプロの業者で売買

2.1カラット程度の一定水準以上のものを持つ

3.GIA鑑定書付きであること

4.宝飾品ではなく、ルース（石単体）で持つ

5.小さいため紛失しない工夫を

6.保管場所は温度変化にも注意

（冷蔵庫は大丈夫）。さらに、ダイヤモンドは非常に小さいため、うっかり手のひらからこぼしてしまうと、二度と見付からないなどということもあり得る。よって、保管に際してはプラスチックフィルムでラミネートするなどし、極端な温度になる場所を避けて保管するなど工夫をしたい。

私は、ダイヤモンドによる資産防衛について長年検討を重ね、情報収集を行なってきたが、数年前にようやく信頼できる専門業者とのルートを確立することができた。そこで、本当に資産防衛としてのダイヤモンド活用に興味があるという方に向けて、そのノウハウをお伝えする「ダイヤモンド投資情報センター」を設置している。ぜひとも、巻末の情報を参照していただきたい。

## 対策応用編④「米国株」

ドルの持ち方の四つ目は、「米国株」だ。銘柄によって値上がり益や配当益などが期待できるという意味では、海外ファンドにも近い位置付けの資産と言えるだろう。国家破産によるインフレへの対処という点では、国内の株式よりも高い効果を期待できるため、積極的に取り組むことを検討したい。

二〇一〇年代後半から二〇二〇年代初頭にかけて、米ハイテク株市場のＮＡＳＤＡＱ（ナスダック）が歴史的な高騰を見せたことから日本国内でも注目を集めている米国株投資だが、着眼点を変えればかなり豊富な選択肢がある。

一例として、著名投資家のウォーレン・バフェット氏が行なっている「バリュー株投資」を参考にするという手がある。高配当の優良銘柄を長期保有するという戦略で、俗にいう「バフェット銘柄」はインターネットからでも比較的簡単に情報を取ることができる。また、アメリカにはＥＴＦ（上場投資信託）が数多く揃っており、非常にユニークな選択肢が提供されている。自分の関心事に則した投資対象を見付け出し、それに投資するという面白さもある。

この他にも、いろいろな切り口で投資テーマを絞ることで自身に合った投資ができるだろう。米国株は、一株単位で買い付け、売却できる点も魅力だ。日本の場合、一〇〇株を一単元として売買するのが基本（単元未満の株も売買可能だが制約がある）となっており、たとえば値嵩《ねがさ》株の代表格であるキーエンスやファーストリテイリングなどは、数百万円からの投資となる。一方、米国株の場合は一株単位であるため、多少値嵩の株でもそこまで多額の初期投資額が必要ない（もちろん、中には数十万円程度必要な銘柄もあるが）。〝少しずつ買い進めて行く〟という投資スタイルがやりやすい点もメリットだ。

## ■米国株の持ち方

米国株は、近年では多くの国内証券会社で取り扱いがあり、代表的な銘柄の売買が可能となっている。証券会社の外国株取引は、銀行でいうところの外貨預金と似たような位置付けになっている。外貨預金では、円普通口座とは別に外貨預金口座の開設手続きを行ない、新しい口座番号が発行されるわけだが、これと同様の手続きを踏むのが一般的だ。通常の証券口座を開設し、その後に外国株式の取引申し込みを行なうことで外国株口座が開設されるという流れだ。

通常の証券口座から外国株口座に資金を振り替えて、外貨に転換することで投資が可能となる。特にネット証券などでは、比較的短期間で口座開設手続きは可能だが、それでも即日取引ができるわけではないため、やはりあらかじめ口座開設手続きをすませ、取引方法などの詳細に習熟しておくことが重要だ。

また、外国株の場合、証券会社によって取り扱い可能な商品にかなり差がある。また海外の取引所での売買になるため、取引ルールが日本と異なる部分もかなりある。当然、取引時間は時差の関係もあり日本と大分違うため、そうしたことにも慣れておくことは重要だ。

また、国家破産時の「徳政令」的な措置は、証券会社にも影響がおよぶ可能性が考えられる。さすがに証券口座から資産を直接没収するのは、株式市場の混乱を招くため可能性は低いが、証券口座からの出金が規制されたり、外貨建ての金融商品や外国株などが強制円転されるなどの措置はまったくあり得ないとは言えない。そうした事態に備えるためには、証券口座も海外に開設して、そこで取引する方が望ましい。ほとんどの海外証券では日本語対応がなく、また口座開設条件なども国内証券に比べてハードルが高いが、日本に居ながらにして口座開設ができ、ネット上であらゆる手続きが完結できる海外証券もいくつかあるため、興味がある方は挑戦してみるのもありだろう。

ただし、何かしらのトラブルが生じた際に、自力で対応する覚悟のない人は手出し無用だ。また、海外銀行の中には別途手続きを行なうことで外国株をはじめとした幅広い金融商品の取引が行なえるところもある。こちらも条件的にハードルは低くないが、同様に挑戦する価値はあるだろう。

## 番外編「外貨ＭＭＦ」

最後に、番外編の「外貨ＭＭＦ」を見て行こう。外貨ＭＭＦは日本国内の証券会社で取り扱いがある金融商品であるため、国家破産時の影響を直接受ける可能性があるという意味で、最善の持ち方とは言えない。ただ、外貨預金などにはないメリットもあり、ドル保有の一つの選択肢としてまったく否定するものでもないため、あえてここで取り上げることとした。

さて、外貨ＭＭＦとは「外貨建てマネー・マーケット・ファンド」の略称だ。これは、格付けの高い外貨建ての短期証券（優良企業が発行するコマーシャル・ペーパーや公社債など）に投資を行なう投資信託で、少額から投資が可能、流動性が高く現金化が容易、通貨国の金利水準に見合った分配金が受け取れるなど、非常に手軽かつ安心して投資ができる点が大きな特徴だ。

非常に大雑把に言えば、証券会社で外貨預金を行なうような感覚で保有ができる。主にドル建ての外貨ＭＭＦが各社で取り扱われるが、南アフリカランドやトルコリラの外貨ＭＭＦを扱う証券会社もある。

外貨預金との決定的な違いは、ペイオフの対象となる点だ。外貨預金は預金保護の対象とならず、銀行の破綻時にダメージを負うリスクがあるが、外貨ＭＭＦは「証券版ペイオフ」に相当する投資者保護基金の保護対象となっているのだ。その点では、証券会社で外貨ＭＭＦを保有するのは「一手進んだドルの持ち方」と言えるだろう。

また、アメリカの急速な利上げにも関わらず、国内銀行では外貨預金にろくな金利が付かないところも多いが、外貨ＭＭＦの場合はどの証券会社でどの銘柄の外貨ＭＭＦを保有しても、実勢の金利水準に見合った分配金が受け取れる。その観点でも、取り組む意義は大いにあるだろう。

ただ、そうは言っても国内証券会社での保有のため、国家破産時の「徳政令」の影響を受ける可能性は大いにある。外貨建て資産のため、たとえば外為法の改正で外貨資産の保有制限や保有禁止などが施行されると、強制的に円転させられるといった危険性があることには要注意だ。

やはり、ドル保有の主力は海外口座や海外ファンドなどの海外を活用し、また有事のサバイバル資産としてはドル現金や金《きん》、ダイヤモンドを保有するのが王道である。その上で、インフレ対策の一環としてもう一手打つ際に、外貨ＭＭＦを活用するのが賢明だ。

## ■外貨ＭＭＦの持ち方

証券会社に口座を開設すれば、外貨ＭＭＦの買い付けはすぐに行なうことができる。外国株とは異なり、国内の金融商品であるため、外国株口座のような専用口座を設ける必要もないのだ。

証券会社によっては、ドル建て外貨MMFも複数の銘柄を取り扱っている。たとえばSBI証券では、ブラックロック、ニッコウ、ノムラ、ゴールドマン・サックスが組成するドルMMFが取り扱われており、それぞれ利回りも若干異なる。いずれの銘柄も高格付けの短期証券で組成されており安全性は高いため、利回り、手数料、取引単位などの条件を総合して判断するとよいだろう。

## 各資産の国家破産時の取り扱い方

さて、せっかく資産防衛の対策を行なっても、その後の取り扱い次第ではまったく意味をなさなくなることもあり得る。国家破産状態に陥れば、政府は様々な手段を使って国民資産をあぶりだし、徴収して財政の立て直しを行なわなければならないからだ。よって、いかにして当局による徴収を回避するかを念頭において、対策を行なった資産の取り扱いには十分注意していただきたい。

## ■海外ファンドの場合

まず、海外ファンドであるが、先ほども説明した通り財産税の課税対象となる可能性は高いものの、当局による直接の差し押さえの可能性は低い。また、著しく円安が進行することで、資産価値が相対的に増大する期待が高い。

そうなってくると、ドサクサの状況で資金が必要になった際、ファンドを解約して使いたいと考えるのが人の性《さが》だろう。しかし、これは決してやってはいけない。国家破産に陥ると、国民の大半は資産を失い、貧乏になる。預金封鎖などの金融統制も厳しく行なわれるわけだが、そんな状況でファンドを解約し日本の金融機関に送金すれば、まず間違いなく金融統制の網にかかり、封鎖の憂き目に遭うだろう。それでも日本の銀行に外貨建てで預け入れできるならよいが、たとえば外貨の保有制限がかかるなどして、強制的に円転させられることになれば、せっかくファンドで防衛した資産もあっという間に価値を失うことになるだろう。

もちろん、ファンドの解約金を海外口座で受け取るのであれば、こうした事態を回避できる。その後、海外口座のお金を日本で使うこともできるため、もし海外ファンドを国家破産時に使うことを念頭におくなら、海外口座の保有は必須と考えた方がよい。そうでなければ、ファンドは国家破産時には一切解約などを行なわず、ドサクサの時期が過ぎ去って金融統制も解除された後に解約するのが賢明だ。

つまり、海外ファンドは国家破産時のサバイバル資金ではなく、「タイムカプセル」のようにずっと寝かせておいて、コトが収まってから取り出すということだ。そうすれば、ファンドの運用益と円安の進行があいまって、十分な資産があなたの手元に戻ってくることだろう。

## ■金《きん》（ゴールド）の場合

金《きん》は、国家破産時に極めて強い資産となるが、強すぎるがゆえに政府による徴収のリスクがある。特に、大量保有者は当局が確実に目を付けることとなるだろう。したがって、総資産に対する金《きん》の割合が高い場合には、ある程度売却して別の資産に換えておくことが重要だ。

また、国家破産時にも金《きん》は有効と想像しがちだが、実際にはドサクサの時期には金《きん》が使えなくなる可能性もかなりある。偽物の横行によって、業者が換金を拒むようになるためだ。実際、一九九八年に国家破産を経験したロシアでは、その後の取材で「金《きん》は使えなかった」という証言をいくつも聞くことができた。

もちろん、闇市場に持って行けば換金できる可能性もあるだろう。ただ、足元を見られて不利なレートを吹っかけられることもある。また、少量の地金や金貨程度ならまだしも、五〇〇グラムや一キログラムの地金をそういうところに何個も持ち込めば、怪しい輩《やから》に目を付けられて危険な目にも遭いかねない。こうしたことを総合すると、金《きん》は国家破産時には極力現金化を避け、ドサクサがある程度落ち着いた後に「生活再建資金」として活用するのが賢明だ。

## ■ダイヤモンドの場合

ダイヤモンドも、金《きん》に次ぐ「インフレに強い資産」であるため、資産防衛目的で保有するなら国家破産がいよいよ間近に差し迫る前に、なるべく早く買っておくのが賢明だ。円安が急進すれば、ダイヤモンドの円建て価格も当然高騰する。そうなる前に手を打つことが、とにかく重要となる。

では、国家破産時にダイヤモンドが使えるかであるが、これは持ち込む先によって大きく話が変わる。まず、通常の宝飾品店では平時でもほとんど買い取りは行なわないと説明したが、おそらく国家破産時も同様だろう。質屋は場合によっては積極的に買い取りを行なうかもしれないが、オークション市場を通じて適正価格で流通させることは望めないため、たとえＧＩＡ鑑定書付きの良品であったとしても、かなり割安に買い叩かれる可能性がある。

やはり、オークション市場にアクセスできるプロの業者に持ち込むことが必須と言える。もちろん、真贋《しんがん》鑑定は厳正に行なわれるだろうが、プロの業者であれば平時からそうした仕事はきちんと行なっているため、金《きん》のように「偽物の可能性があるから買い取りに応じない」などということはまず起こり得ないだろう。よって、よほどのドサクサでない限りは、現金化は可能と考えられる（ただし、現金化までに時間がかかる可能性は考慮しておくべきだ）。

一方、こうしたドサクサ時には逆に闇市場が至るところに出現するため、私たちが想像する以上に簡単に売却できる可能性が高い。とはいえ、ダイヤモンドも可能であれば国家破産のドサクサの時期よりも、コトが落ち着いてからじっくりと現金化する方が賢明だ。その頃には、高インフレを経てダイヤモンドの価値は飛躍的に高まっている可能性もあるためだ。

## ■米国株の場合

米国株も、原則としてできる限り保有し続けるのが良いが、どこで保有しているかによっては他の資産に先んじて現金化するのも一手である。

国内証券で保有する米国株は、前述の通り徳政令的な措置によって保有の制限や強制円転のリスクが付きまとう。よって、その時々の状況次第で資金が必要となった際に、優先的に現金化するのは一手だろう。

海外証券で保有しているものについては、政府当局の差し押さえなどの手がおよばないため、できる限り長く保有することをお勧めする。特に、高配当狙いの銘柄などは保有年数が長いほど資産増大の期待も高いため、なるべく長期保有を心がけたい。

## ■外貨ＭＭＦの場合

外貨ＭＭＦは、円安・高インフレへの対策として有効であるが、やはり徳政令などの影響を大きく受けるリスクがある。したがって、もし資金が必要になった際には銀行預金の次に使用するか、あるいはもし当座使用の見込みがない場合には別の資産に転換することを検討した方がよい。

ただ、もし徳政令的な措置がなく、継続的に保有できるのであれば、他の資産と同様にできる限り国家破産時には使わずにサバイバルするのが望ましい。

## ■国家破産時に資産を崩す順番

すべてを通じて言えることは、国家破産時のドサクサにおいても可能であればここで紹介した外貨建て資産は切り崩さない方がよいということだ。インフレが高進し円が著しく毀損しても、外貨建て資産はむしろ相対的に資産価値が高まるからだ。しかし、実際にはそれはなかなか難しいだろう。年金や給与の削減によって、どうしても収入減を補う必要が出てくるためだ。よって、資産を取り崩す優先順位が重要になってくる。その場合は、基本的に二三三ページのような考え方で取り崩すのが適切だろう。

この考え方に従うと、現物資産の保管場所も工夫のしどころがあることがわかる。ドルは比較的取り出しやすい場所に保管するのがよい。ダイヤモンドはドルより若干取り出しにくく、わかりにくいところが適切だろう。金《きん》に関しては、普段決して触れないような場所に保管してもよい。たとえば山林を持っている人なら、山奥の誰も知らない場所に埋めておくのも一手だ。もちろん、埋めた場所がわからなくならない工夫は厳重に行なうことが必須だが。

## 国家破産時の資産を崩す順番

①国内金融機関の資産をまず使う
（普通預金、外貨預金）

②外貨MMFを使う
（多額の場合は、別のものに転換する手もある）

③手元の現物資産のうちドルを使う

③手元のドルと並行して、
海外口座の資金も活用する

④ダイヤモンドは、
どうしても資金が入用で他に
手当てが付かない時に現金化

⑤海外ファンドは、
なるべく解約せずに保有

⑥金《きん》もなるべく売らず、
国家破産後まで保有

## 資産防衛対策は「早い者勝ち」

ここまで見てきた資産防衛策は、いずれも今なら普通に実践することが可能だ。しかし、財政危機がいよいよ顕在化し、政府当局が金融統制を本格化させれば、こうした対策が打てなくなる日もすぐにやってくるだろう。

そうでなくとも、多くの国民が国家破産の不安を感じ始め、資産逃避や資産の外貨転換を始めると、当局がこれを抑制すべく動き始め、結果的に対策が打てなくなるということにもなり得る。つまり、資産防衛の対策は、他の人たちに先んじて実行して行くことが何より重要なのだ。

今まだコトが起きていないからと言って、対策を先延ばしにしてはいけない。「思い立ったが吉日」という言葉があるが、これなどまさに国家破産対策にぴったりと当てはまる言葉である。

本書にまとめた様々な対策を参考として、読者の皆様が「ドルの正しい持ち

## 国家破産時における資産の耐性

| | 国家破産前 | 国家破産時 | 国家破産後 |
|---|---|---|---|
| 海外ファンド | ○ | ○ | ○ |
| 金《きん》(ゴールド) | ○ | △(または×) | ○(ただし没収されていなければ) |
| ダイヤモンド | △ | ○ | ○ |
| 米国株(国内金融機関の場合) | ○ | △(または×) | △(または×) |
| 米国株(海外金融機関の場合) | ○ | ○ | ○ |
| 外貨MMF(国内金融機関の場合) | ○ | △(または×) | △(または×) |
| 外貨MMF(海外金融機関の場合) | ○ | ○ | ○ |

方」を実践し、資産防衛を成功裏に果たしていただくことを切に祈っている。国家破産のドサクサをたくましく生き残っていただき、一〇年後、二〇年後に元気に皆様と再会できることを楽しみにしつつ、筆を置く。

# エピローグ

## 日本でドルを持つということ

本書を読まれて、どういうご感想を持たれたであろうか。少し難しい部分もあったかもしれないが、大筋は理解されたことと思う。

実は、国家破産というのはある日突然やってくるものなのだ。そのために人々は、その日がくるまで安心し慢心し、何も手を打とうとしない。

というわけで、多くの国々で人々は全財産を失ってきた。そして無数の高齢者が命を断つという悲劇がくり返されてきた。皆さんだけはそうした歴史に学んで、一日も早く正しい手を打っていただきたい。何しろ、この瞬間にも日本国政府の借金は天をも恐れぬスピードで膨張しており、いまや全世界一九六ヵ国中で二位（ワースト）というとんでもないレベルに到達してしまったのだ。もはや、日本の財政は風前の灯《ともしび》と言ってよい。

しかし、本書が示す通り、生き残る術はある。そして、破産した国家で唯一助かった人々は「ドル建て資産」を持っていた人々だったというのは、世界共通の法則なのだ。

ところが不思議なことに、その正しいドルの持ち方というのは意外と知られていない。本書は、それを日本で初めて明らかにしたものである。本書の内容を基に、一〇年後に素晴らしい人生を送っていただきたい。

二〇二四年四月吉日

浅井　隆

■今後、『超円安』『株高は国家破産の前兆』『2025年の大崩壊』(すべて仮題)を順次出版予定です。ご期待下さい。

# 浅井隆からの重要なお知らせ

## ——恐慌および国家破産を勝ち残るための具体的ノウハウ

## 厳しい時代を賢く生き残るために必要な情報を収集するために

### ◆〝恐慌および国家破産対策〟の入口

### 「経済トレンドレポート」

電子版も好評配信中！

皆様に特にお勧めしたいのが、浅井隆が取材した特殊な情報をいち早くお届けする「経済トレンドレポート」です。今まで、数多くの経済予測を的中させてきました。そうした特別な経済情報を年三三回（一〇日に一回）発行のレポートでお届けします。初心者や経済情報に慣れていない方にも読みやすい内容で、新聞やインターネットに先立つ情報や、大手マスコミとは異なる切り口からまとめた情報を掲載しています。

さらにその中で、恐慌、国家破産に関する『特別緊急警告』『恐慌警報』『国家破産警報』も流しております。「激動の二一世紀を生き残るために対策をしなければならないことは理解したが、何から手を付ければよいかわからない」「経済情報をタイムリーに得たいが、難しい内容には付いて行けない」という方は、最低でもこの経済トレンドレポートをご購読下さい。年間、約四万円で生き残るための情報を得られます。また、経済トレンドレポートの会員になられます

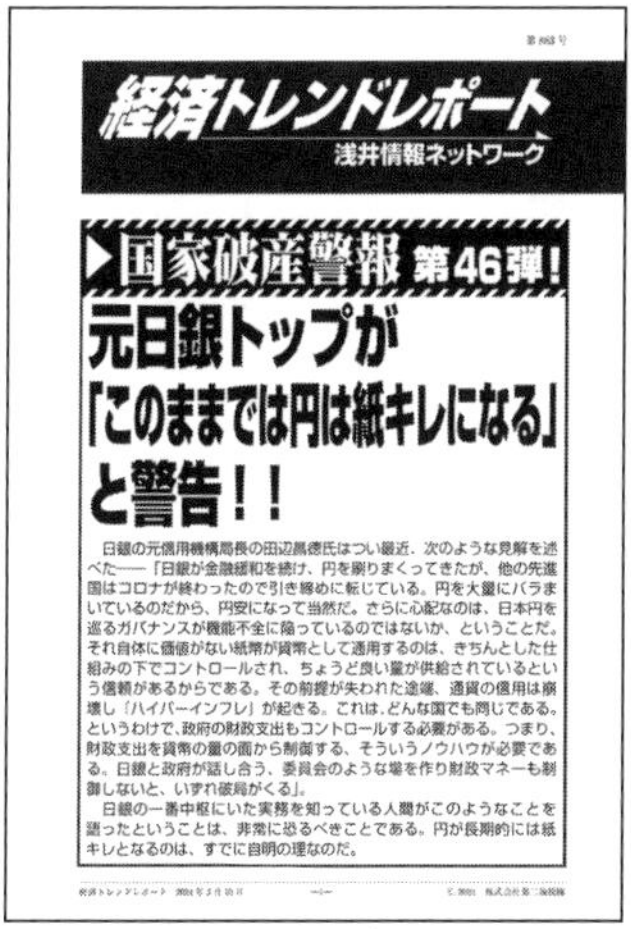
経済トレンドレポート
浅井情報ネットワーク

▶国家破産警報 第46弾！

元日銀トップが「このままでは円は紙キレになる」と警告！！

日銀の元信用機構局長の田辺昌徳氏はつい最近、次のような見解を述べた――「日銀が金融緩和を続け、円を刷りまくってきたが、他の先進国はコロナが終わったので引き締めに転じている。円を大量にバラまいているのだから、円安になって当然だ。さらに心配なのは、日本円を巡るガバナンスが機能不全に陥っているのではないか、ということだ。それ自体に価値がない紙幣が貨幣として通用するのは、きちんとした仕組みの下でコントロールされ、ちょうど良い量が供給されているという信頼があるからである。その前提が失われた途端、通貨の信用は崩壊し「ハイパーインフレ」が起きる。これは、どんな国でも同じである。というわけで、政府の財政支出もコントロールする必要がある。つまり、財政支出を貨幣の量の面から制御する、そういうノウハウが必要である。日銀と政府が話し合う、委員会のような場を作り財政マネーも制御しないと、いずれ破局がくる」。

日銀の一番中枢にいた実務を知っている人間がこのようなことを語ったということは、非常に恐るべきことである。円が長期的には紙キレとなるのは、すでに自明の理なのだ。

2024年3月10日号

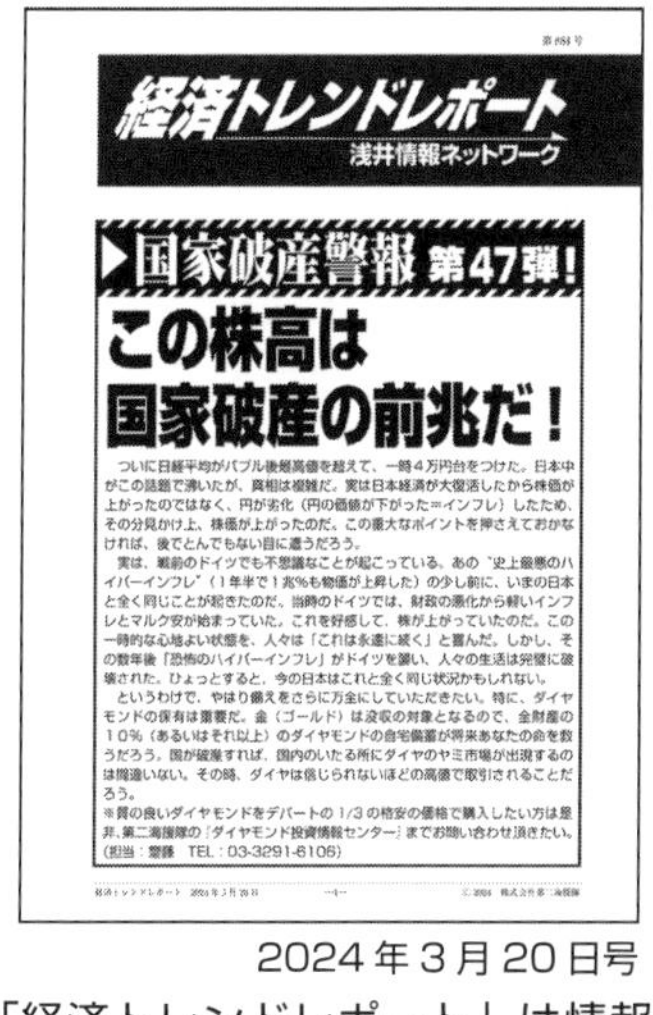
経済トレンドレポート
浅井情報ネットワーク

▶国家破産警報 第47弾！

この株高は国家破産の前兆だ！

ついに日経平均がバブル後最高値を超えて、一時4万円台をつけた。日本中がこの話題で沸いたが、真相は複雑だ。実は日本経済が大復活したから株価が上がったのではなく、円が劣化（円の価値が下がった＝インフレ）したため、その分見かけ上、株価が上がったのだ。この重大なポイントを押さえておかなければ、後でとんでもない目に遭うだろう。

実は、戦前のドイツでも不思議なことが起こっている。あの"史上最悪のハイパーインフレ"（1年半で1兆%も物価が上昇した）の少し前に、いまの日本と全く同じことが起きたのだ。当時のドイツでは、財政の悪化から軽いインフレとマルク安が始まっていた。これを好感して、株が上がっていたのだ。この一時的な心地よい状態を、人々は「これは永遠に続く」と喜んだ。しかし、その数年後「恐怖のハイパーインフレ」がドイツを襲い、人々の生活は完璧に破壊された。ひょっとすると、今の日本はこれと全く同じ状況かもしれない。

というわけで、やはり備えをさらに万全にしていただきたい。特に、ダイヤモンドの保有は重要だ。金（ゴールド）は没収の対象となるので、全財産の10%（あるいはそれ以上）のダイヤモンドの自宅備蓄が将来あなたの命を救うだろう。国が破産すれば、国内のいたる所にダイヤのヤミ市場が出現するのは間違いない。その時、ダイヤは信じられないほどの高値で取引されることだろう。

※質の良いダイヤモンドをデパートの1/3の格安の価格で購入したい方は是非、第二海援隊の『ダイヤモンド投資情報センター』までお問い合わせ頂きたい。（担当：齋藤　TEL：03-3291-6106）

2024年3月20日号

「経済トレンドレポート」は情報収集の手始めとしてぜひお読みいただきたい。

と、当社主催の講演会など様々な割引・特典を受けられます。
■詳しいお問い合わせ先は、㈱第二海援隊　担当：島崎
TEL：〇三（三二九一）六一〇六　FAX：〇三（三二九一）六九〇〇
Eメール：info@dainikaientai.co.jp
ホームページアドレス：http://www.dainikaientai.co.jp/

## 恐慌・国家破産への実践的な対策を伝授する会員制クラブ

### ◆「自分年金クラブ」「ロイヤル資産クラブ」「プラチナクラブ」

国家破産対策を本格的に実践したい方にぜひお勧めしたいのが、第二海援隊の一〇〇%子会社「株式会社日本インベストメント・リサーチ」（関東財務局長（金商）第九二六号）が運営する三つの会員制クラブ（**「自分年金クラブ」「ロイヤル資産クラブ」「プラチナクラブ」**）です。

まず、この三つのクラブについて簡単にご紹介しましょう。**「自分年金クラブ」**は資産一〇〇〇万円未満の方向け、**「ロイヤル資産クラブ」**は資産一〇〇〇

万─数千万円程度の方向け、そして最高峰の**「プラチナクラブ」**は資産一億円以上の方向け（ご入会条件は資産五〇〇〇万円以上）で、それぞれの資産規模に応じた魅力的な海外ファンドの銘柄情報や、国内外の金融機関の活用法に関する情報を提供しています。

恐慌・国家破産は、なんと言っても海外ファンドや海外口座といった「海外の活用」が極めて有効な対策となります。特に海外ファンドについては、私たちは早くからその有効性に注目し、二〇年以上に亘って世界中の銘柄を調査してまいりました。本物の実力を持つ海外ファンドの中には、恐慌や国家破産といった有事に実力を発揮するのみならず、平時には資産運用としても魅力的なパフォーマンスを示すものがあります。こうした情報を厳選してお届けするのが、三つの会員制クラブの最大の特長です。

その一例をご紹介しましょう。三クラブ共通で情報提供する「ATファンド」は、年率五─七％程度の収益を安定的に挙げています。これは、たとえば年率七％なら三〇〇万円を預けると毎年約二〇万円の収益を複利で得られ、およそ一〇年で資産が二倍になる計算となります。しかもこのファンドは、二〇一四年の運用開始から一度もマイナスを計上したことがないという、極めて優秀な運用実績を残しています。日本国内の投資信託などではとても信じられない数字ですが、世界中を見渡せばこうした優れた銘柄はまだまだあるのです。

冒頭にご紹介した三つのクラブでは、「ATファンド」をはじめとしてより高い収益力が期待できる銘柄や、恐慌などの有事により強い力を期待できる銘柄など、様々な魅力を持ったファンド情報をお届けしています。なお、資産規模が大きいクラブほど、取り扱い銘柄数も多くなっております。

また、ファンドだけでなく金融機関選びも極めて重要です。単に有事にも耐え得る高い信頼性というだけでなく、各種手数料の優遇や有利な金利が設定されている、日本に居ながらにして海外の市場と取引ができるなど、金融機関も様々な特長を持っています。こうした中から、各クラブでは資産規模に適した、魅力的な条件を持つ国内外の金融機関に関する情報を提供し、またその活用方法についてもアドバイスしています。

その他、国内外の金融ルールや国内税制などに関する情報など資産防衛に有用な様々な情報を発信、会員の皆様の資産に関するご相談にもお応えしております。浅井隆が長年研究・実践してきた国家破産対策のノウハウを、ぜひあなたの大切な資産防衛にお役立て下さい。

■詳しいお問い合わせは「㈱日本インベストメント・リサーチ」

TEL：〇三（三二九一）七二九一　FAX：〇三（三二九一）七二九二
Eメール：info@nihoninvest.co.jp

## 他にも第二海援隊独自の〝特別情報〟をご提供

### ◆浅井隆のナマの声が聞ける講演会

浅井隆の講演会を開催いたします。二〇二四年下半期は大阪・九月六日（金）、福岡・九月一三日（金）、東京・九月二〇日（金）、名古屋・一〇月一八日（金）で予定しております。経済の最新情報をお伝えすると共に、生き残りの具体的な対策を詳しく、わかりやすく解説いたします。

活字では伝えることのできない、肉声による貴重な情報にご期待下さい。
■詳しいお問い合わせ先は、㈱第二海援隊
TEL：〇三（三二九一）六一〇六　FAX：〇三（三二九一）六九〇〇
Eメール：info@dainikaientai.co.jp

## ◆「ダイヤモンド投資情報センター」

現物資産を持つことで資産保全を考える場合、小さくて軽いダイヤモンドは持ち運びも簡単で、大変有効な手段と言えます。近代画壇の巨匠・藤田嗣治は太平洋戦争後、混乱する世界を渡り歩く際、資産として持っていたダイヤモンドを絵の具のチューブに隠して持ち出し、渡航後の糧にしました。金《きん》（ゴールド）だけの資産防衛では不安という方は、ダイヤモンドを検討するのも一手でしょう。しかし、ダイヤモンドの場合、金《きん》とは違って公的な市場が存在せず、専門の鑑定士がダイヤモンドの品質をそれぞれ一点ずつ評価して値段が決まるため、売り買いは金《きん》に比べるとかなり難しいという事情があります。そのため、信頼できる専門家や取り扱い店と巡り合えるかが、ダイヤモンドでの資産保全の成否のわかれ目です。

そこで、信頼できるルートを確保し業者間価格の数割引という価格（デパートの宝飾品売り場の価格の三分の一程度）での購入が可能で、GIA（米国宝石学会）の鑑定書付きという海外に持ち運んでも適正価格での売却が可能な条件を備えたダイヤモンドの売買ができる情報を提供いたします。

ご関心がある方は「ダイヤモンド投資情報センター」にお問い合わせ下さい。

■お問い合わせ先：㈱第二海援隊　TEL：〇三（三二九一）六一〇六　担当：齋藤

## ◆第二海援隊ホームページ

第二海援隊では様々な情報をインターネット上でも提供しております。詳しくは「第二海援隊ホームページ」をご覧下さい。私ども第二海援隊グループは、皆様の大切な財産を経済変動や国家破産から守り殖やすためのあらゆる情報提供とお手伝いを全力で行ないます。

また、浅井隆によるコラム「天国と地獄」を連載中です。経済を中心に長期的な視野に立って浅井隆の海外をはじめ現地生取材の様子をレポートするなど、独自の視点からオリジナリティあふれる内容をお届けします。

■ホームページアドレス：http://www.dainikaientai.co.jp/

第二海援隊
ＨＰはこちら

## 株で資産を作れる時代がやってきた！ 〝四つの株投資クラブ〟のご案内

### 一「㊙株情報クラブ」

「㊙株情報クラブ」は、普通なかなか入手困難な日経平均の大きなトレンド、現物個別銘柄についての特殊な情報を少人数限定の会員制で提供するものです。目標は、提供した情報の八割が予想通りの結果を生み、会員の皆様の資産が中長期的に大きく殖えることです。そのために、日経平均については著名な「カギ足」アナリストの川上明氏が開発した「Ｔ１システム」による情報提供を行ないます。川上氏はこれまでも多くの日経平均の大転換を当てていますので、これからも当クラブに入会された方の大きな力になると思います。

また、その他の現物株（個別銘柄）については短期と中長期の二種類にわけて情報提供を行ないます。短期については川上明氏開発の「T14」「T16」という二つのシステムにより日本の上場銘柄をすべて追跡・監視し、特殊な買いサインが出ると即買いの情報を提供いたします。そして、買った値段から一〇％上昇したら即売却していただき、利益を確定します。この「T14」「T16」は、これまでのところ当たった実績が九八％という驚異的なものとなっております（二〇一五年一月―二〇二〇年六月におけるシミュレーション）。

さらに中長期的銘柄としては、浅井の特殊な人脈数人が選び抜いた日・米・中三ヵ国の成長銘柄を情報提供いたします。

クラブは二〇二一年六月よりサービスを開始しており、すでに会員の皆様へ有用な情報をお届けしております。なお、「㊙株情報クラブ」「ボロ株クラブ」の内容説明会を収録したＣＤを二〇〇〇円（送料込み）にてお送りしますのでお問い合わせ下さい。

皆様の資産を大きく殖やすという目的のこのクラブは、皆様に大変有益な情報提供ができると確信しております。奮ってご参加下さい。

■お問い合わせ先：㈱日本インベストメント・リサーチ「㊙株情報クラブ」

TEL：〇三（三二九一）七二九一　FAX：〇三（三二九一）七二九二

Eメール：info@nihoninvest.co.jp

## 二 「ボロ株クラブ」

「ボロ株」とは、主に株価が一〇〇円以下の銘柄を指します。何らかの理由で売り叩かれ、投資家から相手にされなくなった〝わけアリ〟の銘柄もたくさんあり、証券会社の営業マンがお勧めすることもありませんが、私たちはそこにこそ収益機会があると確信しています。

過去一〇年、〝株〟と聞くと多くの方は成長の著しいアメリカの一九六〇年代の西部劇『荒野の七人』に登場したガンマンたちのように、「マグニフィセント・セブン」（超大型七銘柄。アップル、マイクロソフト、アルファベット、アマゾン・ドット・コム、エヌビディア、テスラ、メタ・プラットフォームズ。一九六〇年代の西部劇『荒野の七人』に登場したガンマンたちから名付けられた）高成長ハイテク企業の銘柄を思い浮かべるのではないでしょうか。実際、これらハイテク銘柄の騰勢は目を見張るほどでした。

一方で、「人の行く裏に道あり花の山」という相場の格言があります。「人はとかく群集心理で動きがちだ。いわゆる付和雷同である。ところが、それでは大きな成功は得られない。むしろ他人とは反対のことをやった方が、うまく行く場合が多い」とこの格言は説いています。

すなわち、私たちはなかば見捨てられた銘柄にこそ大きなチャンスが眠っていると考えています。実際、「ボロ株」はしばしば大化けします。ボロ株クラブは二〇二一年六月より始動していますが、小型銘柄（ボロ株）を中心として数々の実績を残しています。過去のデータが欲しいという方は当クラブまでお電話下さい。

もちろん、やみくもに「ボロ株」を推奨して行くということではありません。弊社が懇意にしている「カギ足」アナリスト川上明氏の分析を中心に、さらには同氏が開発した自動売買判断システム「ＫＡＩ—解—」からの情報も取り入れ、短中長期すべてをカバーしたお勧めの取引（銘柄）をご紹介します。

構想から開発までに十数年を要した「ＫＡＩ」には、すでに多くの判断システムが組み込まれていますが、「ボロ株クラブ」ではその中から「Ｔ８」というシステムによる情報を取り入れています。Ｔ８の戦略を端的に説明しますと、「ある銘柄が急騰し、その後に反落、そしてさらにその後のリバウンド（反騰）を狙う」となります。

これら情報を複合的に活用することで、ＮＩＳＡ（少額投資非課税制度）を利用しての年率四〇％リターンも可能だと考えています。年会費も第二海援隊グループの会員の皆様にはそれぞれ割引サービスをご用意しております。詳しくは、お問い合わせ下さい。また、「ボロ株」の「時価総額や出来高が少ない」という性質上、無制限に会員様を募ることができません。一〇〇名を募集上限

（第一次募集）とします。

■お問い合わせ先：㈱日本インベストメント・リサーチ「ボロ株クラブ」
TEL：〇三（三二九一）七二九一　FAX：〇三（三二九一）七二九二
Eメール：info@nihoninvest.co.jp

## 三「日米成長株投資クラブ」

いまや世界経済は「高インフレ・高金利」に突入しています。大切な資産の防衛・運用も、この世界的トレンドに合わせて考え、取り組むことが重要です。

高インフレ時代には、「守り」の運用だけでは不十分です。リスクを取り、積極的な投資行動を取ることも極めて重要となるのです。この観点からも、「株式投資」はこれからの時代に取り組むべき重要な投資分野と言えます。

浅井隆は、インフレ時代の到来と株式投資の有効性に着目し、二〇一八年から「日米成長株投資クラブ」にて株式に関する情報提供、助言を行なってきました。現代最高の投資家であるウォーレン・バフェット氏とジョージ・ソロス氏の投資哲学を参考として、優良銘柄をじっくり保有するバフェット的発想と、経済トレンドを見据えた大局観の投資判断を行なうソロス的手法によって、「一〇年後に資産一〇倍」を目指して行きます。

経済トレンドについては、テクニカル分析の専門家・川上明氏の「カギ足分析」に加えて、経済トレンドの分析を長年行なって来た浅井隆の知見も融合して行きます。特に、三〇年強で約七割の驚異的な勝率を誇る川上氏の分析は非常に興味深いものがあります。

個別銘柄については、発足以来数多くの銘柄情報にて良好な成績を残しており、会員の皆様に収益機会となる情報をお届けしています。銘柄は低位小型株から比較的大型のものまで幅広く、短期的に連日ストップ高を記録した銘柄もあります。

皆様にはこうした情報を十分に活用していただき、大激動をチャンスに変えて大いに資産形成を成功させていただきたいと考えております。ぜひこの機会を逃さずにお問い合わせ下さい。サービス内容は以下の通りです。

1. 浅井隆、川上明氏（テクニカル分析専門家）が厳選する国内の有望銘柄の情報提供
2. 株価暴落の予兆を分析し、株式売却タイミングを速報
3. 日経平均先物、国債先物、為替先物の売り転換、買い転換タイミングを速報
4. バフェット的発想による、日米の超有望成長株銘柄を情報提供

詳しいお問い合わせは「㈱日本インベストメント・リサーチ」

TEL：〇三（三二九一）七二九一　FAX：〇三（三二九一）七二九二

Eメール：info@nihoninvest.co.jp

## 四「オプション研究会」

二〇二〇年代は、新型コロナウイルスの世界的流行、ロシアのウクライナ侵攻、中東情勢の緊迫化など「激動の時代」になりつつあります。日本においても、財政危機リスクや台湾有事などの地政学リスク、さらに巨大地震や火山噴

火などの天災リスクを抱え、非常に困難な時代となることが予想されます。

こうした激動期には、大切な資産も大きなダメージを受けることとなりますが、その一方で激動を逆手に取ることで「千載一遇の投資のチャンス」をつかむことも可能となります。その極めて有望な方法の一つが、「オプション取引」です。

「オプション取引」では、短期的な市場の動きに大きく反応し、元本の数十―一〇〇〇倍以上もの利益を生むこともあります。この大きな収益機会は、実は巨大な損失リスクを負わずに、損失リスクを限定しながらつかむことができるのです。激動の時代には、「オプション取引」でこうした巨大な収益機会がたびたび生まれることになります。市場の暴落時のみならず、急落からの大反騰時にもチャンスが生じるため、平時と比べても取り組む価値は高いと言えます。

「オプション取引」の重要なポイントを簡単にまとめます。

- 非常に短期（数日―一週間程度）で、数十倍―数百倍の利益獲得も可能
- 「買い建て」限定にすると、損失は投資額に限定できる

・恐慌、国家破産など市場が激動するほど収益機会は増える
・最低投資額は一〇〇〇円（取引手数料は別途）
・株やＦＸと異なり、注目すべき銘柄は基本的に「日経平均株価」の動きのみ
・給与や年金とは分離して課税される（税率約二〇％）

極めて魅力的な「オプション取引」ですが、投資に当たっては取引方法に習熟することが必須です。オプションの知識の他、パソコンやスマホによる取引操作の習熟が大きなカギとなります。

もし、これからの激動期を「オプション取引」で挑んでみたいとお考えであれば、第二海援隊グループがその習熟を「情報」と「助言」で強力に支援いたします。「オプション研究会」では、「オプション取引」はおろか株式投資など他の投資経験もないという方にも、取引操作から基本知識、さらに投資の心構え、市況変化に対する考え方や収益機会のとらえ方など、初歩的な事柄から実践までを懇切丁寧に指導いたします。

さらに、「オプション研究会」では、「三〇％複利戦法」をはじめとして参考

となる投資戦略も情報提供しています。こうした戦略もうまく活用することで、「オプション取引」の魅力を実感していただきます。

これからの激動の時代を、チャンスに変えたいとお考えの方のご入会を心よりお待ちしております。

※なお、オプション研究会のご入会には、「日米成長株投資クラブ」の会員であることが条件となります。また、ご入会時には当社規定に基づく審査があります。あらかじめご了承下さい。

㈱日本インベストメント・リサーチ オプション研究会」担当 山内・稲垣・関
TEL：〇三（三二九一）七二九一　FAX：〇三（三二九一）七二九二
Eメール：info@nihoninvest.co.jp

## ◆「オプション取引」習熟への近道を知るための「セミナーDVD」発売中（二〇二四年五月二四日収録版）

「オプション取引について詳しく知りたい」「『オプション研究会』について理

解を深めたい」という方のために、その概要を知ることができる「DVD／CD／動画配信」を用意しています。

■「オプション説明会 受講DVD／CD／動画配信」■

「オプション説明会」の模様を収録したDVD／CD／動画配信です。浅井隆が信頼する相場のチャート分析を行なう川上明先生にもご登壇いただきました。ぜひご入手下さい。

価格（DVD／CD／動画配信）　三〇〇〇円（送料込）

※「オプション説明会」にお申し込みの際には、氏名、電話番号、住所、Eメールアドレス（動画配信希望の方のみ必須）、セミナーの受講形態（参加、動画配信、CD、DVD）をお知らせ下さい。

■「オプション研究会」および「オプション説明会」に関するお問い合わせは

「第二海援隊　オプション研究会　担当」まで。

TEL：〇三（三二九一）七二九一　FAX：〇三（三二九一）七二九二

Eメール：info@nihoninvest.co.jp

■経済ジャーナリストとして

国際軍事関係の取材を続ける中、「冷戦も終わり、これからは軍事ではなく経済の時代」という友人の編集者の言葉が転機となり、経済に関する勉強を重ねる。1990年東京市場暴落の謎に迫る取材で、一大センセーションを巻き起こす。当時、一般には知られていない最新の金融技術を使って利益を上げた、バブル崩壊の仕掛け人の存在を暴露するレポート記事を雑誌に発表。当初は誰にも理解されなかったが、真相が知れ渡るにつれ、当時の大蔵省官僚からも注目されるほどになった。これをきっかけに、経済ジャーナリストとして、バブル崩壊後の超円高や平成不況の長期化、金融機関の破綻など数々の経済予測を的中させたベストセラーを多発した。

■独立

1993年「大不況サバイバル読本―'95年から始まる“危機”を生き残るために」が十数万部のベストセラーとなり、独立を決意。1994年に毎日新聞社を退社し、浅井隆事務所を設立。執筆・講演会・勉強会などの活動を行う。

■（株）第二海援隊設立

1996年、従来にない形態の総合情報商社「第二海援隊」を設立。以後その経営に携わる一方、精力的に執筆・講演活動を続ける。2005年7月、日本を改革・再生することを唯一の事業目的とする日本初の株式会社「再生日本２１」を立ち上げる。

■主な著書

『大不況サバイバル読本』『日本発、世界大恐慌！』（徳間書店）『95年の衝撃』（総合法令出版）『勝ち組の経済学』（小学館文庫）『次にくる波』（PHP研究所）『HuMan Destiny』（『9・11と金融危機はなぜ起きたか!?〈上〉〈下〉』英訳）『いよいよ政府があなたの財産を奪いにやってくる!?』『徴兵・核武装論〈上〉〈下〉』『最後のバブルそして金融崩壊『国家破産ベネズエラ突撃取材』『都銀、ゆうちょ、農林中金まで危ない!?』『巨大インフレと国家破産』『年金ゼロでやる老後設計』『ボロ株投資で年率40%も夢じゃない!!』『2030年までに日経平均10万円、そして大インフレ襲来!!』『コロナでついに国家破産』『老後資金枯渇』『2022年インフレ大襲来』『2026年日本国破産〈警告編〉〈あなたの身に何が起きるか編〉〈現地突撃レポート編〉〈対策編・上／下〉』『極東有事――あなたの町と家族が狙われている！』『オレが香港ドルを暴落させる　ドル/円は150円経由200円へ！』『巨大食糧危機とガソリン200円突破』『2025年の大恐慌』『1ドル＝200円時代がやってくる!!』『ドル建て金持ち、円建て貧乏』『20年ほったらかして1億円の老後資金を作ろう！』『投資の王様』『国家破産ではなく国民破産だ！〈上〉〈下〉』『2025年の衝撃〈上〉〈下〉』『あなたの円が紙キレとなる日』（第二海援隊）など多数。

〈著者略歴〉

**浅井　隆　（あさい　たかし）**

## ■学生時代
高校時代は理工系を志望。父と同じ技術者を目指していたが、「成長の限界」という本に出会い、強い衝撃を受ける。浅井は、この問題の解決こそ“人生の課題”という使命感を抱いた。この想いが後の第二海援隊設立につながる。人類の破滅を回避するためには、科学技術ではなく政治の力が必要だと考え、志望先を親に内緒で変えて早稲田大学政治経済学部に進む。在学中に環境問題を研究する「宇宙船地球号を守る会」などを主宰するも、「自分の知りたいことを本当に教えてくれる人はいない」と感じて大学を休学。「日本を語るにはまず西洋事情を知らなくては」と考え、海外放浪の旅に出る。この経験が「何でも見てやろう、聞いてやろう」という“現場主義”の基礎になる。

## ■学生ビジネス時代
大学一年の時から学習塾を主宰。「日本がイヤになって」海外を半年間放浪するも、反対に「日本はなんて素晴らしい国なのだろう」と感じる。帰国後、日本の素晴らしさを子供たちに伝えるため、主催する学習塾で“日本の心”を伝える歴史学や道徳も教える。ユニークさが評判を呼び、学生ビジネスとして成功を収める。これが歴史観、道徳、志などを学ぶ勉強会、セミナーの原型となった。

## ■カメラマン時代
学生企業家として活躍する中、マスコミを通して世論を啓蒙していこうと考え、大学７年生のときに中退。毎日新聞社に報道カメラマンとして入社。環境・社会問題の本質を突く報道を目指すも、スキャンダラスなニュースばかりを追うマスコミの姿勢に疑問を抱く。しかし先輩から、「自分の実力が新聞社の肩書きを上回るまで辞めてはならん」との言葉を受け発奮、世界を股に掛ける過酷な勤務をこなす傍ら、猛勉強に励みつつ独自の取材、執筆活動を展開する。冷戦下の当時、北米の核戦争用地下司令部「ＮＯＲＡＤ」を取材。
核問題の本質を突く取材をしようと、ＮＯＲＡＤ司令官に直接手紙を書いた。するとアメリカのマスコミでさえ容易に取材できないＮＯＲＡＤでは異例の取材許可が下りた。ところが上司からはその重要性を理解されず、取材費は出なかった。そこで浅井は夏休みをとり、経費はすべて自腹で取材を敢行。これが転機となって米軍関係者と個人的なコネクションができ、軍事関係の取材を精力的に行なう。

## 〈参考文献〉

**【新聞・通信社】**

『日本経済新聞』『朝日新聞』『読売新聞』『夕刊フジ』『新潟日報』
『ブルームバーグ』『ロイター』

**【拙著】**

『最後の２年』（第二海援隊）
『2003年・日本国破産〈番外編〉』（第二海援隊）
『2014年日本国破産〈対策編①〉』（第二海援隊）
『国家破産サバイバル読本〈上〉』（第二海援隊）
『2020年世界大恐慌』（第二海援隊）
『国家破産ではなく国民破産だ！〈上〉〈下〉』（第二海援隊）
『2025年の大恐慌』（第二海援隊）
『1ドル＝200円時代がやってくる‼』（第二海援隊）
『20年ほったらかして１億円の老後資金を作ろう！』（第二海援隊）

**【その他】**

『ＮＨＫテレビ』『テレビ東京』『ロイヤル資産クラブレポート』

**【ホームページ】**

フリー百科事典『ウィキペディア』
『日本銀行』『国税庁』『時事通信』『会社四季報オンライン』『ＩＭＦ』
『ＢＩＳ』『ＥＩＵ』『三菱ＵＦＪモルガン・スタンレー証券』『ＣＮＢＣ』
『ゼロヘッジ』『タレットプレボン』『ビジネスインサイダー』
『ブラジル日報』

ドルの正しい持ち方

2024年6月6日　初刷発行

著　者　浅井　隆
発行者　浅井　隆
発行所　株式会社　第二海援隊
〒101-0062
東京都千代田区神田駿河台２-５-１　住友不動産御茶ノ水ファーストビル８Ｆ
電話番号　03-3291-1821　　ＦＡＸ番号　03-3291-1820
印刷・製本／株式会社シナノ

© Takashi Asai　2024
ISBN978-4-86335-240-7

Printed in Japan

乱丁・落丁本はお取り替えいたします。

# 第二海援隊発足にあたって

日本は今、重大な転換期にさしかかっています。にもかかわらず、私たちはこの極東の島国の上で独りよがりのパラダイムにどっぷり浸かって、まだ太平の世を謳歌しています。

しかし、世界はもう動き始めています。その意味で、現在の日本はあまりにも「幕末」に似ているのです。ただ、今の日本人には幕末の日本人と比べて、決定的に欠けているものがあります。それこそ、志と理念です。現在の日本は世界一の債権大国（＝金持ち国家）に登り詰めはしましたが、人間の志と資質という点では、貧弱な国家になりはててしまいました。それこそが、最大の危機といえるかもしれません。

そこで私は「二十一世紀の海援隊」の必要性を是非提唱したいのです。今日本に必要なのは、技術でも資本でもありません。志をもって大変革を遂げることのできる人物と、それを支える情報です。まさに、情報こそ〝力〟なのです。そこで私は本物の情報を発信するための「総合情報商社」および「出版社」こそ、今の日本に最も必要と気付き、自らそれを興そうと決心したのです。

しかし、私一人の力では微力です。是非皆様の力をお貸しいただき、二十一世紀の日本のために少しでも前進できますようご支援、ご協力をお願い申し上げる次第です。

浅井　隆